BOULOT, J'AI TOUJOURS LE BON PLAN

Frédéric Roy

BOULOT, J'AI TOUJOURS LE BON PLAN

**Éditions
d'Organisation**

www.editions-organisation.com

Apec

www.apec.fr

Collection

MA VIE DANS L'ENTREPRISE

Collection dirigée par Jean-Max Dinet

Au fil de votre vie professionnelle, vous devez souvent répondre à des impératifs de performance, individuelle et collective, sans cesse réévalués. Et pour cela, accroître vos compétences. Dans l'exercice quotidien de votre métier, vous devez également relever d'autres défis auxquels vous n'êtes pas réellement préparé et dont dépend la qualité de vos résultats.

Comment des salariés travaillant dans des univers différents, relèvent-ils ces challenges "ordinaires" ? C'est ce que vous invite à découvrir la collection "Ma vie dans l'entreprise".

Savoir-faire, savoir-être… leurs expériences et leurs témoignages vous montreront comment, à votre tour, mieux vivre toutes les étapes de votre parcours.

Je réussis mes premiers recrutements, 2002
Vive mes années senior !, 2002
J'ai l'esprit réseau, 2002
Je veux du temps pour moi, 2002
Évaluation : j'ai la cote, 2002

Éditions d'Organisation – Eyrolles
1, rue Thénard 75240 Paris Cedex 05

© Éditions d'Organisation, 2003
© Éditions APEC, 2003
ISBN : 2-7081-2808-6

TABLE DES MATIÈRES

"MA" RÉUSSITE, PLUTÔT QUE LA RÉUSSITE

C'est un fait: la relation qu'entretiennent les salariés avec leur entreprise a changé. Seraient-ils moins motivés ? Sûrement pas! L'engagement professionnel, et nul ne le conteste, reste aussi fort qu'auparavant. Mais, il ne va plus jusqu'au sacrifice de soi. D'une part, parce qu'aujourd'hui chacun sait qu'il peut être remercié du jour au lendemain, même après des années de bons et loyaux services; d'autre part, parce que, plus que les aînés, la jeune génération de salariés et cadres aspire à équilibrer vie professionnelle et vie personnelle. Ce souhait est désormais revendiqué dès l'entretien de recrutement et très largement évoqué lors des entretiens d'évaluation: bien dans ma tête, bien au boulot… et vice-versa. Côté entreprise, on ne contredit pas: un salarié épanoui travaille mieux!

Revendiquer un certain droit au bonheur dans le travail, il n'en fallait pas plus pour que les jeunes cols blancs se voient qualifiés de «mercenaires», de génération «Moi, d'abord!», de «francs-tireurs»… Pourtant, à les écouter, ils ne parlent que d'intérêt au travail, de responsabilités, d'épanouissement, de convivialité, de bonne ambiance… et ne cherchent, tout compte fait, qu'à être rassurés par un management de proximité, y compris dans les grandes structures. Un management «fortifiant» qui pourrait les conduire à renouer avec un certain attachement à leur entreprise. D'ailleurs, s'ils jurent ne plus vouloir *« travailler comme papa »*, ils reconnaissent aussi que l'autonomie ce n'est pas toujours si confortable : *« Autonome, mais un peu assisté aussi. »*, confie l'un d'entre eux.

Si personne, aujourd'hui, ne songe à jurer fidélité à son employeur (même la notion de carrière semble appartenir à d'autres temps… plus carriéristes !) il ne peut être question, non plus, de se laisser aller au gré des hasards, de ses souhaits, de ses humeurs, de ses coups de cœur… Et si, comme beaucoup, vous affirmez vouloir «bosser d'abord pour vous-même», vous ne pourrez, cependant, pas vous passer d'un minimum de stratégie professionnelle, avancer sans guide, ni plan : nul ne peut prétendre piloter à vue… et tout seul ! D'ailleurs, s'ils sont exigeants pour eux-mêmes, les jeunes salariés le sont également vis-à-vis de leur employeur dont ils attendent qu'il les aide à apprendre, à se former, à progresser. Sous peine de devoir le quitter pour acquérir, ailleurs, de nouveaux savoir-faire. Un co-pilotage en quelque sorte.

Choisir une entreprise «apprenante» et y multiplier les expériences ; acquérir ces compétences qui boostent une évolution professionnelle ; découvrir qui vous êtes pour savoir où vous allez ; développer, avec votre employeur, une communauté d'intérêt ; préparer votre futur en investissant le présent ; équilibrer vie professionnelle et vie privée ; progresser en fonction de vos talents et de vos goûts ; être acteur de votre parcours professionnel… voici les thèmes que nous développons

© APEC – Éditions d'Organisation (Groupe Eyrolles)

dans cet ouvrage. Ils vous aideront à bâtir votre stratégie, à toujours avoir « le bon plan ».

Les parcours professionnels sont multiples. Comme le sont les cadres et les salariés dont les motivations, variées, ne sauraient être contenues dans la seule notion de carrière. Il ne convient donc plus de parler de réussite, mais de « votre » réussite. Celle qui se situe au point de rencontre de vos rêves, de vos ambitions, de vos talents, de vos moyens... Pour vous donner toutes les chances d'y parvenir, il vous faut « toujours avoir le bon plan... boulot ! »

Chapitre **1**

ÊTRE ACTEUR
DE MON ÉVOLUTION

JE BOSSE D'ABORD POUR MOI !

MA VIE DANS L'ENTREPRISE

© APEC - Éditions d'Organisation (Groupe Eyrolles)

« Je ne travaillerai pas comme mes parents. Je ne veux connaître ni le chômage, ni les affres de la reconversion obligée. Pas question de m'ennuyer dix ans dans la même boîte ! Je veux faire quelque chose qui m'intéresse, être capable de rebondir, faire ce que j'aime ! » Non, il ne s'agit pas là des rêves professionnels d'un groupe de jeunes diplômés en fin de crise d'adolescence. Mais, à quelques mots près, des aspirations professionnelles d'une jeune génération de cadres qui revendiquent l'autonomie, les responsabilités, une rémunération confortable. Et qui, de surcroît, réhabilite le principe de plaisir au travail.

UNE RELATION SALARIÉE ENTREPRISE MODIFIÉE

"**J**e ne me passionne pour mon travail que lorsque j'apprends quelque chose. Quand je sens que ce n'est plus le cas, j'envisage très rapidement de changer. C'est plus ou moins facile, selon les périodes. Mais la perte de motivation dans mon travail quotidien est immédiatement compensée par celle du changement à venir." En résumant crûment sa philosophie de carrière, Flavie G., chef de publicité dans une agence de publicité, exprime un sentiment de plus en plus partagé par les salariés et les jeunes cadres qui entrent sur le marché de l'emploi ou effectuent leurs premières expériences professionnelles. C'est que les soubresauts de l'économie qui se sont succédés depuis une trentaine d'années, ont tout de même fini par transformer, en profondeur, les relations entre les entreprises et leurs salariés. Au point que la fidélité à un employeur, hier encore déterminante d'une réussite profes-

© APEC - Éditions d'Organisation (Groupe Eyrolles)

sionnelle, est désormais considérée, par les plus jeunes, comme le plus sûr moyen de découvrir... l'ennui! Entre crise de l'emploi et bouleversements technologiques, entre mondialisation et impératifs financiers, l'accélération du rythme de l'économie radicalise les changements de mentalité, les comportements au travail. Et le mouvement n'a fait que se précipiter depuis quelques années: à peine engageait-on les paris financiers les plus fous sur la net-économie, que cette dernière implosait. Quelques saisons, à peine, durant lesquelles on a pu penser que c'en était fini de la traditionnelle panoplie du cadre, que l'entreprise de papa avait perdu de son intérêt et que les jeunes diplômés, bercés par des rêves de stocks-options et de carrière fulgurante, n'auraient plus que l'Internet pour maître! Quelques mois auront suffi pour que, dès 2000, la «bulle» de la nouvelle économie commence à se dégonfler pour éclater définitivement... en 2001! Par la suite, les investisseurs se montrèrent de plus en plus exigeants et les start-up qui survécurent, découvrirent que l'on ne brocarde pas impunément certaines règles de l'ancienne économie.

LES TEMPS CHANGENT TROP VITE

De telles phases de courte euphorie ne sont pas nouvelles: la fin des années 80 avait été marquée par un mouvement semblable autour de l'immobilier. Mais on peut s'attendre à ce que la mondialisation de l'économie, marquée par des échanges de plus en plus rapides entre les pays, provoque une accélération de leur rythme. Dans un tel environnement, pour les entreprises comme pour les cadres, la notion de «long terme» n'a plus le même sens qu'il y a dix ans. Aussi, parce qu'elle ne dispose plus que d'une visibilité raccourcie (dans bien des cas les prévisions conjoncturelles sont très aléatoires au-delà d'une

Quel "pilote" êtes-vous ?

Une enquête HR Gardens/*Le Monde*/Ipsos a interrogé près de 8 000 Early Carreer Professionnals (ECP) – traduisez : diplômés de l'enseignement supérieur, maîtrisant deux langues et forts d'un à cinq ans d'expérience dans des contextes multiculturels différents. Premier constat : ces jeunes ne remettent en cause ni la légitimité de l'entreprise, ni son fonctionnement, mais attendent que celle-ci leur offre la « possibilité de se réaliser ». Ils redoutent particulièrement la stagnation et 44 % pensent qu'il suffit de deux ans pour profiter des premières expériences en entreprise. Les entreprises vont donc de voir apprendre à gérer ces « zappeurs ». L'enquête établit une typologie de ces nouveaux comportements et détermine quatre profils types :

• **Les pondérés :** majoritaires avec 49 %, ils placent carrière et vie privée sur un pied d'égalité et font de l'apprentissage permanent leur priorité.

• **Les intéressés :** identifiés comme les 23 % qui n'ont pour objectif que la réussite matérielle et sociale.

• **Les obstinés :** ce sont les 17 % qui exercent le métier dont ils rêvaient étant jeunes.

• **Les instantanés :** sont les 11 % qui pilotent leur carrière à vue en fonction des opportunités.

Quelles valeurs, ces jeunes salariés, défendent-ils ? À coup sûr, le professionnalisme (64 %) loin devant d'autres valeurs comme l'innovation (26 %), le respect (22 %), la performance (20 %), l'honnêteté (19 %) et l'efficacité (17 %). Transparence, audace, rigueur et générosité ne recueillant chacun que 15 % des suffrages. Invités à se prononcer sur la notion d'éthique qu'ils perçoivent à 60 % comme un argument commercial, voire un effet de mode, ils sont cependant 88 % à se refuser de collaborer avec des groupes qui « profitent » du travail des enfants et 76 % jurent ne jamais intégrer une entreprise qui nuit à son environnement.

Le manager idéal ? Un « stratège éclairé » pour 66 %. Enfin, c'est sur le « décideur sobre et efficace qui sait ce qu'il veut » qu'ils misent.

Source : in Le Monde Économie, 22 janvier 2002

année, quand ce n'est pas un semestre), les entreprises sont-elles en peine de donner à leurs salariés, la visibilité nécessaire au pilotage de leur carrière. Pas plus, d'ailleurs, qu'elles ne sont en mesure de leur construire un plan de carrière sur le long terme. Ces derniers n'ignorent donc plus que leur place dans l'entreprise et leur emploi, sont soumis à des aléas qui dépassent leur capacité d'anticipation. Non qu'ils soient moins bien informés ou moins astucieux qu'auparavant (certains d'entre eux, pour les plus âgés, ou leurs parents, ont connu la perte d'emploi au cours des années de crise. Quant aux nouvelles générations, elles sont très informées), mais tout simplement parce que les temps changent trop vite.

Mais, à l'heure du zapping et de l'Internet, ne serait-il pas devenu inconcevable d'envisager une carrière entièrement dédiée à une seule entreprise ? Est-ce par hasard que les souhaits d'acquisition de connaissances nouvelles, l'aspiration à une vie professionnelle plus équilibrée, un certain goût pour le changement soient devenus les «moteurs de carrière» des nouvelles générations de salariés ? Si les années 80 avaient été marquées par la réconciliation des cadres avec leurs entreprises, les rapports se sont de nouveau dégradés. Plus épargnés par le chômage que les ouvriers et les employés, les cadres vont, eux aussi, se découvrir plus vulnérables. Jusqu'à connaître, en 1993, une véritable année noire. Cette année là, et pour la première fois, la population cadre en France va diminuer. Inclus, à leur tour et massivement, dans les plans sociaux, ces cadres conserveront de cette période une vision plus amère et donc plus distanciée, de l'entreprise. Eux qui, des années durant, avaient incarné le pouvoir, l'autorité, la

> Une entreprise pour la vie ? Inconcevable à l'heure du zapping.

hiérarchie, la fidélité, la continuité… ont vu, tout à coup et au sein même de leur communauté de travail, leur position menacée. *« Ils sont tombés de haut, ceux qui ont été dupes du discours « motivationnel » des années 70 et 80, courant après le rêve d'une entreprise qui les apprécierait pour eux-mêmes et non pour leur valeur ajoutée, se définissant tellement parce qu'ils font qu'ils en ont oublié ce qu'ils sont. »*, explique Pierre Blanc-Sahnoun, coach de cadres dirigeants[1].

À LIRE :
- « **Technologies et flexibilité** », par Patricia Vendradim et Gérard Valenduc, 2002, 180 pages, Éditions Liaisons. 20,00 €
- « **La conduite humaine du changement** », par Thierry Chavel, 2000, 222 pages, Éditions Demos. 28,81 €
- « **Le guide des opportunités de carrières** », Collectif d'auteurs, 190 pages, GO. 10,52 €
- « **L'intelligence émotionnelle** », (2 tomes) par Daniel Goleman, 1999, 421 pages, Éditions Robert Laffont. 43,90 €
- « **Guide des aptitudes humaines** », par Edwin A. Fleichman et Maureen E. Reilly, 142 pages, ECPA. 28,20 €

---

(1) *Pierre Blanc-Sahnoun. Source : in Le Figaro Entreprises, 12 novembre 2001.*

DE NOUVELLES
PRIORITÉS
AU TRAVAIL

Comme tout autre salarié, le cadre est devenu, lui aussi, un produit jetable ! Et si les perspectives d'embauche sont nettement plus optimistes que celles des années 90, la sécurité de l'emploi ne s'en trouve pas pour autant renforcée. Au contraire, il semble que plus les objectifs fixés sont ambitieux, plus ceux à qui ils sont fixés voient leur position dans l'entreprise fragilisée en cas d'échec. Début 2002, le mensuel *Management*[1] n'hésitait, d'ailleurs, pas à titrer l'un de ses numéros : « Ces cadres que l'on vire en 48 heures ». Comment ce fameux rapport « affectif » avec l'entreprise ne pourrait-il pas avoir pris du plomb dans l'aile ? Conséquence toute naturelle : un retournement des cadres sur eux-mêmes et une revalorisation de leurs propres aspirations, encouragées parfois, il est vrai, par une nouvelle organisation du travail :

---

(1) Voir « *Évaluation, j'ai la cote* », par *Nadia Aubin, 2002,* collection « *Ma vie dans l'entreprise* », *Apec/Éditions d'Organisation.*

cette importance croissante du temps personnel, par exemple, s'est naturellement amplifiée avec l'introduction des 35 heures. Et si l'ensemble des salariés hisse au rang de priorité, des notions telles que l'épanouissement personnel, l'autonomie dans le travail, les responsabilités, voire la qualité des relations dans l'entreprise, c'est qu'ils entendent désormais – au moins pour les plus jeunes – choisir l'entreprise pour laquelle ils vont travailler, en fonction du degré de satisfaction possible de ces exigences. Dans l'édition 2002, de son enquête annuelle Cadroscope, réalisée auprès de 3 000 cadres, l'Apec révèle que près d'un cadre sur deux (44 %) déclare maîtriser sa carrière.

« Je veux gonfler mon capital compétence. »

Une attitude symptomatique d'une situation de marché tendu, diront certains (on parle de marché tendu lorsque le nombre d'offres d'emploi est supérieur au nombre de candidat sur le marché. Autrement dit lorsque les candidats ont le choix entre un nombre relativement élevé de propositions d'emploi). Peut-être. Mais ces salariés qui, aujourd'hui, entendent profiter d'un marché qui leur est plus favorable sont, pour certains, les mêmes que ceux qui furent contraints, durant les années noires, de développer leur employabilité. Il faut bien que cette dernière trouve son utilité ! Par ailleurs, ces salariés avertis savent aussi qu'en cas de retournement du marché, ils devront convaincre, à nouveau, les recruteurs de les embaucher. Enfin, puisqu'il est entendu que l'entreprise n'est plus en mesure d'offrir à ses salariés un avenir balisé, il revient donc à chacun de gérer lui-même sa propre carrière. Pour éviter, bien sûr, que ses compétences ne deviennent obsolètes, mais aussi pour pouvoir saisir à tout moment une opportunité en interne comme à l'extérieur : *« Non seulement, je me donne les moyens de ne pas être exclu du marché du travail, mais face*

© APEC - Éditions d'Organisation (Groupe Eyrolles)

Salariés, l'enthousiasme en panne ?

Selon un sondage Gallup, 28 % des salariés éprouveraient un désintérêt profond pour leur travail et ce désengagement coûterait à l'État quelque 70 milliards d'euros par an. Pourtant, comme le souligne Maurice Thévenet, professeur à l'Essec et au Cnam, les nouvelles organisations et la montée des métiers de services exigent un plus grand engagement des salariés même si, selon lui, *« l'idée de s'impliquer dans l'entreprise n'est pas très tendance »* et si, par ailleurs, certains métiers peuvent s'exercer sans nécessiter un engagement de la part des salariés. Il n'en est pas moins vrai que dans toute relation de service à un client, l'entreprise est dépendante de la manière dont le salarié se comporte avec ce dernier. *« L'implication est* *donc nécessaire quand l'entreprise dépend du salarié pour atteindre un résultat. »*, souligne Maurice Thévenet. Les entreprises devront, encore davantage, créer et développer de l'implication. Les conditions, pour créer cette implication, pourraient toujours selon Maurice Thévenet, se construire sur des satisfactions reposant largement sur le relationnel (« compétence que devraient détenir ceux qui encadrent ») : la cohérence (je m'implique si je comprends) ; la réciprocité (je m'implique car en face de moi, on s'implique) ; l'appropriation (il faut que mon travail m'appartienne un peu).

Source : in Entreprise et Carrières, janvier 2002

à une entreprise qui ne me promet plus d'évolution de carrière, je veux pouvoir rebondir quand l'occasion se présente. Pour satisfaire mes ambitions, mes aspirations personnelles, pour ne pas m'encroûter, pour continuer à apprendre… Une carrière, c'est comme un compte épargne, plus vous gonflez votre capital compétence, plus vos intérêts seront élevés ! », explique très clairement Jean-François G., cadre financier.

UN CADRE RAISONNE PAR PROJET

Autrefois, le souci d'un cadre était de bien choisir l'entreprise avec laquelle il travaillerait un certain nombre d'années. Aujourd'hui, il est de se construire un parcours professionnel personnel qui s'enrichit au fil des étapes, des expériences, des métiers, des entreprises : « *Un cadre raisonne par projet. Il choisit une entreprise parce qu'elle lui propose une mission qui l'intéresse*, précise ce DRH. *Vingt ans dans la même entreprise, il n'y pense même plus. Durant sa vie professionnelle, il cherchera à accumuler les expériences, partir à l'étranger, par exemple. Il ne veut plus se cantonner à une seule fonction. Celle pour laquelle il est entré dans cette entreprise. Il exige de cette dernière qu'elle le forme tant sur les aspects technologiques que managériaux. En fait, il va cultiver une mobilité intellectuelle* »… Les cadres et les salariés veulent donc devenir les entrepreneurs de leur carrière ! Mais voilà : le management de sa vie professionnelle est une aventure au moins aussi délicate que celui d'une véritable entreprise. Une aventure qui commence, on le verra plus loin, par l'évaluation de ses propres actifs, autrement dit de ses capacités et de ses compétences, mais aussi de ses envies. Comme le fait une entreprise, le salarié qui souhaite piloter sa carrière va s'appuyer sur son capital de départ (savoir-faire, savoir-être) tout en tenant compte de son environnement économique et technologique et de son marché. À chacune des étapes de son développement, il devra apprécier les possibilités d'évolution, les risques de blocage, les atouts ou les inconvénients de chaque nouveau choix. La formation sera l'un de ses alliés, un facteur indéniable de progrès. Car si le « capital savoir » initial est nécessaire, il est désormais insuffisant. Développer ses connaissances, les améliorer, investir de nouveaux terrains, construire des compétences dites «transversales», c'est-à-dire utilisables d'une entreprise à l'autre, d'un secteur à l'autre, d'une fonction à l'autre, tels sont désormais les objectifs du salarié qui souhaite se donner les moyens de manager lui-même et au mieux, sa carrière.

« Dans les années 80, lorsque à la place d'une augmentation, je demandais une formation sur un outil spécifique, dont je pensais qu'elle pouvait muscler mes compétences et... mon CV, les réactions allaient de la surprise au soupçon. Aujourd'hui, ce type de demande est davantage pris en compte par les employeurs », explique Hélène P., cadre supérieur dans une SSII.

TOUTE FORMATION PEUT SE RÉVÉLER UTILE

Si, à l'évidence, la rémunération reste un facteur clé de la motivation des cadres, les changements économiques et technologiques évoqués plus haut, ont modifié leurs aspirations. Durant les années 90, années de crise, on ne jurait que par l'employabilité pour pouvoir conserver... son fauteuil. Aujourd'hui, la notion est toujours valable, mais il est davantage question de préserver un savoir-faire, des compétences, de l'obsolescence. La formation, dans son propre domaine de compétence, mais aussi dans des domaines connexes ou de management, sont désormais des éléments de valorisation de son travail. Et choisir un employeur en fonction de ce qu'il peut vous apporter en terme d'expérience, de compétences, de connaissances, et non plus seulement en terme de rémunération, est un réflexe professionnel qu'ont acquis bon nombre de salariés. *« Que l'on souhaite faire évoluer sa carrière au sein de son entreprise ou en changer, rien de vraiment sérieux ne peut* être entreprise sans une vision aussi large que possible de son devenir professionnel. Aussi est-il important d'être ouvert à tous les types de formation, d'«apprentissage» et pas uniquement à ceux qui concernent directement son domaine de compétences. Toute formation peut se révéler, un jour ou l'autre, utile. Ne serait-ce que pour mieux comprendre les attentes de son employeur.», note Rémy Lesaunier, directeur de la société informatique ImpliQ. Pour autant, et quels que soient les objectifs poursuivis, piloter sa carrière, ce n'est pas d'abord choisir de travailler dans des entreprises «apprenantes». C'est plus simple et plus complexe à la fois. «On ne peut prétendre conduire son évolution professionnelle, sans se connaître. Il est nécessaire, avant de définir des choix professionnels, d'entamer une réflexion sur soi-même, via, par exemple, les bilans de compétences. Il est important aussi d'apprendre à exprimer ses désirs, ses besoins. Apprendre enfin à connaître les mécanismes de l'entreprise, maîtriser certaines techniques de communication pour pouvoir s'y intégrer. Quelqu'un de moyennement performant, mais qui sait se vendre, aura plus de chances de mener à bien son projet professionnel qu'un «bon» qui ne sait pas communiquer.», poursuit Rémy Lesaunier.

Apprendre à exprimer ses désirs, ses besoins.

Reste qu'aujourd'hui, l'enrichissement des connaissances, des compétences, la multiplicité des expériences, les responsabilités, l'autonomie, la formation, comptent désormais parmi les critères d'élection d'un employeur. Mais, on le verra, ce choix d'un employeur en fonction des moyens d'évolution qu'il propose, n'est pas aussi simple, car un certain nombre d'autres facteurs entrent en ligne de compte. À commencer par la nature de la relation du salarié avec l'entreprise. Tout pilote

MA VIE DANS L'ENTREPRISE

Y a-t-il un copilote ?

Comment anticiper et ne voir qu'à court terme ? Comment construire un projet professionnel et rester attentif au chant des sirènes ? Voir plus loin et négocier au plus près ? Lors d'une recherche active d'emploi comme lors d'une réflexion sur son évolution possible au sein de son entreprise, un cadre doit désormais raisonner en prenant en compte aussi bien sa situation actuelle que ses perspectives futures. Pour n'avoir succombé qu'au seul attrait de l'immédiat, combien de cadres se sont-ils cognés au miroir aux alouettes des premières start-up, par exemple ? Entreprendre une formation ? C'est souvent utile. Mais cette formation, *a fortiori* si elle se déroule sur plusieurs mois, ne risque-t-elle pas de commander nos orientations futures de carrière ? De nous enfermer dans une trajectoire professionnelle qu'il sera difficile, par la suite, de quitter pour évoluer vers d'autres activités ? En définitive, comment faire les bons choix professionnels en tenant compte de nos envies et de nos besoins du moment, mais aussi -et surtout- des débouchés à plus long terme ? « *Questionnez votre copilote.* », répond Rémy Lesaunier, directeur de la société informatique ImpliQ : « *Piloter sa carrière, c'est savoir s'adapter à l'état, plus ou moins bon, de la route. Mais, c'est aussi ne pas oublier le copilote que est à vos côtés : l'entreprise, qui elle aussi s'informe, observe le marché, les évolutions techniques... pour anticiper aussi bien les phases de croissance économique que de ralentissement, voire de récession. Et y adapter ses stratégies.* »

de sa carrière qu'il souhaite devenir, le salarié, le cadre, n'est pas seul maître de son choix. Il doit composer avec ce partenaire puissant qu'est l'employeur. Lequel n'a pas nécessairement les mêmes intérêts que son salarié, à court comme à long terme. C'est l'une des composantes essentielle du pilotage de carrière... on n'est jamais seul à bord ! « *Mon père travaillait pour son entreprise, aujourd'hui mon entreprise travaille pour moi»*, explique un cadre paraphrasant un adage en vogue aux États-Unis. La formule est un peu forte. S'il est vrai que les salariés se montrent plus exigeants quant à leur développement personnel, s'ils sont très attentifs à la prise en compte par l'entreprise, de leur aspiration à un meilleur équilibre vie personnelle – vie professionnelle soit pris en compte, ils n'en continuent pas moins de travailler au sein d'une structure qui, elle aussi, poursuit des objectifs de développement. Un conflit d'intérêt est donc toujours possible.

MON EMPLOYEUR EST-IL "JETABLE" ?

Mais, admettons-le, les mentalités ont évolué. Et si les salariés ne considèrent pas – encore – leur employeur comme un «employeur jetable», ils ne se situent plus, non plus, dans un rapport de force qui les obligerait, en cas de coup dur, voire de lassitude, à devoir s'incliner. Et ce, d'autant que leurs compétences sont exportables à l'intérieur, dans un autre service, ou à l'extérieur de leur entreprise. Alors, ils bougent... Si, il y a une dizaine d'années, un CV «mouvementé» suscitait la méfiance des recruteurs, ces derniers s'habituent aujourd'hui à rencontrer des cadres qui changent de poste tous les cinq ans, voire plus souvent. En France, en ce début de siècle, révèle l'enquête annuelle Cadroscope Apec, 6 % des cadres changent chaque année d'entreprise (78 % d'entre eux l'ont quittée de leur propre initiative). Et un cadre sur cinq change, chaque année, de poste à l'intérieur ou l'extérieur de son entreprise. Air du temps : on change d'entreprise, bien sûr, pour une plus forte rémunération, mais, et à égalité, pour davantage de responsabilités. Les plus jeunes ne sont pas les seuls concernés : en 2001, on remarque pour la première fois, une mobilité des

MA VIE DANS L'ENTREPRISE

cadres âgés de 35 à 50 ans légèrement supérieure à celle des moins de 35 ans. Dans certaines secteurs, notamment les activités qui utilisent les hautes technologies, ces changements peuvent même être considérés comme un atout, parce qu'ils sont les gages d'une confrontation régulière au marché de l'emploi et donc d'une mise à jour des compétences techniques.

Certes la mobilité est signe d'optimisme. Elle est l'expression d'une dynamique de compétences. Mais aussi d'un marché de l'emploi porteur. Que le marché montre des signes de récession et voilà que pointe la frilosité. *« L'important volume d'offres du début des années 2000 a permis à un grand nombre de cadres de disposer d'une fenêtre de tir élargie. Beaucoup se sont dit : pourquoi pas moi ? Le cocktail énergétique a profité à tout le monde. »*, explique un consultant. Qu'en serait-il si le marché laissait de nouveau de nombreux cadres hors de l'emploi ? La crise de 1993, on s'en souvient, (cette année-là et pour la première fois, la population cadre diminuait en France) avait étouffé les désirs de changements. On ne pensait pas *« davantage d'autonomie, davantage de responsabilités... on pensait sécurité de l'emploi »*. Les cadres, les salariés seraient-ils aussi mobiles sur un marché qui n'offrirait que peu d'opportunités ? N'est-on pas tenté de rejoindre le premier employeur qui vous accepte, quand les offres se font rares et que, de surcroît, on est en recherche d'emploi depuis plusieurs mois ?

Pas si simple : *« La mobilité a toujours existé. Et ceux qui l'ont toujours privilégiée au cours de leur carrière sont aussi ceux qui ont le mieux réussi. Mais aujourd'hui, et au-delà des possibles soubresauts du marché, ce qui semble avoir changé c'est, d'une part, le nombre croissant de cadres qui sont passés d'un comportement « précaire » à une démarche de progrès et,*

Rappelez-vous... Deux types de mobilité

Ce n'est pas parce qu'elles éprouvent certaines difficultés à recruter des candidats que les entreprises se sont données pour objectif d'endiguer totalement le turn-over de leurs cadres. Sans air dans le bocal, les poissons finissent par s'asphyxier ! Et si des mouvements de salariés trop importants constituent un handicap certain pour une entreprise (le recrutement, la formation sont des investissements sur le – relativement – long terme), un peu de sang neuf tonifie ! Un minimum de rotation du personnel est donc nécessaire. Rajeunissement de l'encadrement, externalisation des compétences, restructurations, rachats, fusions... ou plan social, les entreprises peuvent être amenées à devoir se séparer d'une partie de leurs salariés. Aussi est-il nécessaire d'anti-ciper les changements, en permanence. *«Aujourd'hui, lorsque l'on parle de cadre mobile, on évoque un professionnel prêt à évoluer, à bouger, à changer... de métier, de ville, de pays. La mobilité est devenue une sorte de label supplémentaire attestant de la qualification d'un cadre et de ses compétences. Rappelez-vous : le temps n'est pas si loin où, lorsque l'on évoquait la mobilité, on devait distinguer entre, d'une part, la mobilité volontaire, celle que l'on maîtrise, que l'on travaille et, d'autre part, la mobilité subie... C'est-à-dire le changement d'entreprise pour cause de... licenciement. Dans les deux cas, il faut éviter de se laisser prendre de court.»*, conseille un responsable des ressources humaines d'un groupe européen d'assurances.

d'autre part, le nombre croissant de recruteurs qui déclarent apprécier les multi-expériences professionnelles !», constate un consultant spécialisé dans les bilans de compétences. *«Jusqu'à 40 ans, un curriculum vitae qui affiche un goût déterminé pour le changement, et donc de nombreuses expériences, ne traduit plus automatiquement l'instabilité. En fait, tout dépend des raisons de ces changements...* », explique André Dessarthe, le DRH de Cegelec qui prévient cependant : « *Au-delà de la quarantaine, on doit logiquement commencer à se stabiliser. Notamment parce que les responsabilités, plus importantes, que l'on exerce à cet âge, nécessitent plus de temps pour être maîtrisées.* », poursuit le DRH de Cegelec.

Si la nouvelle donne semble acquise auprès des salariés comme des entreprises (ces dernières encouragent très fortement, parce qu'elles en bénéficient très largement, la mobilité interne, l'adaptabilité...), elle n'est, cependant, pas de nature à rassurer tous les employeurs. Bon nombre d'entre eux doivent mettre au point de nouvelles stratégies pour fidéliser leurs troupes, le turn-over figurant désormais parmi les inquiétudes majeures des directions des ressources humaines. Coût des recrutements, des investissements en formation qu'elles sont contraintes de réaliser... les entreprises n'apprécient guère de voir leurs meilleurs éléments les délester d'un capital compétences qu'ils auront développé en leur sein, durant plusieurs années. Certains grands groupes, comme Usinor (aujourd'hui Arcelor) ou Sanofi-Synthelabo ont mis en place des « comités de carrière » pour tenter d'accompagner et d'anticiper les désirs de changement de leurs cadres. Mais cette pratique, n'est pas suffisamment répandue (même si, en matière d'évaluation notamment[1], les entreprises françaises ont fait de sérieux efforts). Elle ne concerne bien souvent que le top management dont le turn-over est, il est vrai, celui qui affecte le plus, et de loin, les organisations et les stratégies. Pour les gros bataillons, la gestion des carrières et de la mobilité s'effectue de manière moins organisée. Au grand dam de l'encadrement qui dénonce

---

(1) Voir note en page 19.

parfois l'intérêt excessif et les investissements faramineux consentis aux «hauts potentiels»!

ENTRE IMPATIENCE ET FIDÉLITÉ

Si elles prennent conscience du changement de mentalité de leurs salariés, les directions des ressources humaines, et plus généralement les entreprises, doivent travailler à faire converger les intérêts de leurs cadres et leurs stratégies. Le point de rencontre est parfois difficile à trouver. En particulier lorsque le marché du travail est tendu (c'est-à-dire lorsque les offres sont en plus grand nombre que les candidats) et que les salariés peuvent, entre autres, jouer la surenchère salariale. On a ainsi vu des entreprises contraintes de proposer de nouvelles formes d'intéressement, de formation, de services, de temps libre... pour conserver leurs effectifs. Et des cadres pousser leurs exigences jusqu'au point limite pour consentir à rester en poste. Mais, ces phases économiques sont, par définition, courtes et renouvelables. Et s'il est possible d'en profiter, il serait parfaitement illusoire de penser que l'ensemble d'une carrière peut se bâtir dans ces conditions.

Marché porteur ou pas (et si l'on excepte les cas de très rares spécialistes, si rares que les entreprises se battent pour les recruter et les conserver), il convient donc, pour tout un chacun, de gérer ses ambitions avec flair, doigté, clairvoyance. Entre impatience et fidélité, entre changement d'entreprise et mobilité interne, entre investissement formation et goût de l'aventure individuelle, entre persévérance et coup de tête... à chaque étape de votre évolution professionnelle, il vous appartiendra de choisir. *« En connaissance de cause, c'est-à-dire d'abord en connaissance de vous-même. »*, rappelle une consultante animatrice des bilans Apec «Perspectives». Souvenez-vous : combien de cadres, plus ou moins jeunes d'ailleurs, ont-ils quitté, et sans bagages, leur entreprise pour rejoindre une dot-com ? Il y a peu encore, l'herbe y était assurément plus verte que dans les structures traditionnelles : perspectives de croissance hors normes, ambiance de travail différente… et tant d'espoirs en forme de stocks-options qui, aujourd'hui et pour beaucoup, ont fondu comme neige au soleil. Si, de leur incursion dans la net-économie, certains ont tiré leur épingle du jeu – y gagnant en expérience, donc en employabilité – d'autres en revanche s'y sont brûlé les ailes ! Alors, « Carrière, c'est moi qui pilote » ? Oui. Mais avec un plan de vol, une piste d'envol, des escales techniques prévues, une destination et… un brevet de pilote !

> LES JEUNES CADRES ET LA VIE PROFESSIONNELLE

On les a qualifiés de «francs-tireurs», de «mercenaires de l'emploi», de génération «Moi, d'abord!»... Mais, peu importe les épithètes: il est désormais acquis que les jeunes générations de cadres ne souhaitent pas reproduire le modèle de vie professionnelle qui fut celui de leurs parents. Interrogés par l'Institut de l'Entreprise[1], plus de 600 cadres, âgés de 25 à 35 ans, ont exprimé leurs attentes, leurs souhaits et leurs valeurs professionnelles.

Première différence avec les aînés, l'image actuelle du cadre: *«L'image sociale du jeune cadre est dérivée de l'entreprise et des responsabilités qu'il y exerce (...). Les images sociales traditionnelles dues à la position sociale et patrimoniale familiale ou au prestige des statuts s'estompent».* Le deuxième élément, commun à tous les jeunes cadres (et non-cadres) *«est le souci du* **développement personnel.** *Le besoin d'***épanouissement,** *la quête de* **sens,** *le désir d'***évolution** *ou d'***apprentissage** *constituent des*

---

(1) *Enquête commandée à l'Ifop par l'Institut de l'Entreprise et réalisée, début 2001, auprès de 602 cadres de 25 à 35 ans (Bac +3 minimum) travaillant dans une entreprise de plus de 150 salariés du secteur privé.*

thèmes récurrents. Cependant, ajoute l'étude, *ces désirs peuvent évoluer en relation avec la culture de l'entreprise, les réponses de celle-ci, les événements de la vie professionnelle et, notamment, les changements fréquents de postes.* »

Une nouvelle logique de rapports avec l'entreprise s'installe. Il s'agit véritablement, explique l'Institut de l'Entreprise, d'un contrat psychologique défini comme un ensemble d'attentes, réciproques entre le jeune cadre et son entreprise. Contrat qu'il conviendrait même de qualifier de transactionnel (échange à court terme entre contribution et bénéfices et perspectives de développement). Ainsi, se confirme une attente de réciprocité et de flexibilité dans les deux sens : «*Les jeunes cadres sont prêts à travailler beaucoup (adaptabilité face au changement), mais attendent beaucoup en retour (reconnaissance financières ou non-financières) et sont également très exigeants, quant aux moyens mis à leur disposition pour effectuer leur travail.* » Se précise, également, la recherche de l'intérêt pour le poste «*à travers lequel pourront être exercées des responsabilités croissantes.* » Enfin, la nécessité d'une «*identification forte à l'entreprise. C'est à travers cette relation contractuelle que les concepts d'implication et d'engagement deviennent prégnants.* »

Il n'est plus seulement question d'air du temps, comme le montrent certains résultats de l'étude de l'Institut de l'Entreprise. Ainsi, apprend-t-on, que pour cette jeune génération de cadres, c'est la réussite de la vie familiale qui est la plus importante (77%). La réussite de la vie professionnelle n'étant classée prioritaire que pour 7% des interrogés. Entre le temps et l'argent, l'arbitrage est, lui aussi, très tranché : près de 70 % préfèrent gagner moins d'argent, mais bénéficier de davantage de temps libre. Près de la moitié considèrent que le statut cadre « n'a plus de sens », les trois quarts pensent également qu'il n'est pas représentatif de la loyauté à l'entreprise, mais ils sont tout de même 85 % à reconnaître qu'il correspond à un certain niveau de responsabilité. Lesquelles responsabilités se caractérisent par l'enjeu du travail (47 %) et l'autonomie (41 %).

Pour ces jeunes cadres bien décidés à se donner les moyens de piloter leur carrière, la notion de fidélité à l'entreprise a-t-elle encore un sens ? Oui, pour la moitié des interrogés. Une fidélité trouve son sens dans la notion de réciprocité que nous évoquions. Ainsi, parmi les facteurs explicatifs d'une possible fidélité à l'entreprise les jeunes cadres retiennent-ils (pour près des trois quarts) l'intérêt pour son métier, la réalisation de son développement personnel. Corollaire : parmi les éléments qui expliquent l'envie de faire... des infidélités à son employeur on note « le fait qu'une opportunité se soit présentée ailleurs (25 %), le manque d'intérêt pour le poste actuel, la lassitude, le sentiment d'avoir fait le tour (11 %), ainsi que le manque de challenge à relever (11 %). Au moment de l'enquête début 2002, 41 % des cadres sondés avaient entamé une démarche pour quitter leur entreprise.

Combien d'années faut-il savoir rester fidèle à son employeur ? Il semble qu'entre trois et cinq années constitue un bon score. Mais plus de la moitié (53 %) des jeunes cadres considère cependant que « rester longtemps dans la même entreprise est un atout, une preuve de ténacité et de persévérance. Ce que contes-

© APEC - Éditions d'Organisation (Groupe Eyrolles)

tent 38 % pour qui c'est un handicap pour sa carrière, une preuve de manque de flexibilité. En tous les cas, les éléments qui font que « finalement, on soit resté dans son entreprise », sont, par ordre : le manque d'opportunités (32 %), l'augmentation de salaire (30 %), les congés maternité ou congés sans solde (22 %) et pour 9 % seulement, la proposition d'un poste plus intéressant dans l'entreprise.

Fidélité, pilotage de carrière, besoin de changement ? Les jeunes cadres sont plus déterminés que leurs aînés à satisfaire leurs aspirations. Dans cette logique, ils ont complètement intégré la place du changement d'entreprise dans la stratégie de carrière. Et, parmi les facteurs décisifs du changement, la quasi-totalité d'entre eux (91 %) explique : « Quand vous n'avez plus rien à apprendre de l'entreprise où vous êtes, c'est le moment d'en changer » ; « Une des meilleures façons de construire sa carrière est de changer d'entreprise » (51 %) ; « Une des meilleures façons d'augmenter ses compétences est de changer d'entreprise » (51 %).

Chapitre 2

PRÉPARER LE FUTUR EN INVESTISSANT LE PRÉSENT

JE VEUX UNE ENTREPRISE "APPRENANTE"

« J'aime mon métier » ne veut pas dire :
« J'aimerai indéfiniment le poste que j'occupe
aujourd'hui ». Mais, l'affirmation sous-entend
une implication et engagement certains du
salarié envers son entreprise. Piloter sa
carrière, c'est, en effet, savoir la conjuguer au
présent comme au futur : anticiper pour ne pas
se tromper, mais sans oublier le présent. Et si
se former dans l'entreprise est devenu l'une des
motivations principales des salariés, l'employeur
attend d'eux des résultats concrets. Loyal sans
être servile, prévoyant, mais ancré dans le
présent, l'art du management personnel est
délicat, mais essentiel à maîtriser.

LE PATRIOTISME D'ENTREPRISE N'EST PAS MORT

"**L**e maître mot du pilotage de carrière, c'est l'anticipation.*", affirme Alain Boureau, consultant chez Leroy Consultants. Voir le plus loin possible, multiplier les compétences comme autant de cordes à son arc, sentir les évolutions de la conjoncture dans sa propre branche et dans l'économie en général... voilà qui détermine, en partie, le profil du parfait manager de sa vie professionnelle. En partie seulement. Car, dans la réalité, un plan de carrière idéal, établi dès la fin des études, a bien peu de chance d'être suivi. Ne serait-ce, et ce n'est pas une mince affaire, parce qu'il doit savoir composer avec les aléas du marché. Des aléas souvent imprévisibles, parfois même à relativement court terme: quelle différence, en effet, entre les jeunes diplômés qui se sont présentés sur le marché de l'emploi dans la deuxième moitié de la décennie 1990 (en 1997, selon l'Apec, il fallait en moyenne, six mois à un jeune diplômé pour trouver son premier emploi)

© APEC - Éditions d'Organisation (Groupe Eyrolles)

Flavie G., chef de publicité dans une agence de publicité

J'ai toujours joué le coup d'après.

Plus personne ne conteste cette tendance à aller vers une plus grande mobilité, une flexibilité plus importante. Pour l'entreprise, l'objectif est double : d'une part, assurer à ses salariés des perspectives de carrière suffisantes pour les inciter à rester (et faire ainsi face à des taux de turn-over parfois inquiétants), d'autre part, encourager la flexibilité des équipes tant sur le plan des compétences, que de la mobilité géographique. Voilà un contexte *a priori* favorable aux cadres soucieux de piloter eux-mêmes leur carrière... pour peu qu'ils soient, eux aussi, mobiles et flexibles intellectuellement. « *J'ai toujours joué, le coup d'après*, explique Flavie G., chef de publicité dans une agence de publicité. *J'ai débuté ma vie professionnelle comme consultante. Mais, les métiers de la publicité me séduisaient vraiment. J'ai donc vécu mes premières années en entreprise avec, en tête, la ferme intention de me trouver un job dans ce secteur d'activité. Aussi, ai-je accepté certaines missions qui n'étaient sûrement pas les plus valorisantes aux yeux de mes camarades, mais qui me permettaient d'approcher les agences de pub ou le côté «annonceur» des entreprises. Je n'ai, bien sûr, pas perdu mon temps : ces contacts et ces expériences me furent très utiles, lorsque j'ai décidé de sauter le pas.* »

L'une des stratégies consiste à choisir, dès son premier job et autant que faire se peut, l'entreprise la plus «apprenante», celle qui fait figure de référence dans son domaine d'activité, celle dont la formation est reconnue, celle que l'on suit de près parce qu'elle est innovante... une autre stratégie, celle qu'a mise en place Flavie G., consiste à accepter certaines missions, certains rôles, certaines tâches parce qu'ils sont susceptibles d'accroître ses connaissances et ses compétences. Cette dernière «tactique», semble recueillir les faveurs des jeunes cadres. Pour autant, la fin ne justifie pas les moyens. Penser à soi, c'est bien. Encore faut-il savoir jouer avec finesse ! Sans verser dans l'hypocrisie ou la dissimulation. Il est, par exemple, clairement contre-productif d'afficher ostensiblement son manque d'intérêt pour l'avenir de l'entreprise. Il est également suspect d'en faire plus que nécessaire lors d'un entretien de recrutement, même si l'on s'est juré de décrocher, à tout prix, un job dans cette entreprise. Plutôt que de vous ouvrir les portes de l'entreprise tant convoitée, user d'une telle stratégie, risque, au contraire, de vous les fermer définitivement.

et leurs cadets, qui se sont lancés à la recherche de leur premier emploi au tournant du siècle (en moyenne, trois mois de recherche en 2001)? Les premiers ont du éplucher des pages de petites annonces qui ne leur réservaient que de très rares postes «spécifiquement débutants». Les seconds, rois incontestés des années 1999/2000, ont vu les entreprises se mettre en quatre pour les retenir dans leurs filets. Particulièrement en 2000, année qui fut difficile pour les recruteurs comme se le rappelle cette directrice du recrutement d'un groupe pétrolier: «*Certains jeunes signaient leur contrat et, le jour de leur prise de fonction, ne se présentaient pas. Ou alors, à peine arrivés, ils réclamaient des stages en Indonésie, n'importent où...*»

> **«À peine arrivés, ils réclamaient des stages en Indonésie.»**

Certes, ils ont dû composer avec le retour de frilosité des entreprises quand, au ralentissement qui se dessinait depuis le printemps 2001, se sont ajoutées les répercussions des attentats du World Trade Center. Mais, selon un sondage réalisé en 2002 par l'Apec, auprès de 1 500 jeunes diplômés, il semble que les futurs cols blancs aient acquis une certaine confiance en eux: si 74 % des jeunes diplômés estimaient qu'il était plus difficile de trouver un emploi après les attentats du 11 septembre, 33 % ne se laissaient pas déstabiliser et pensaient modifier leur projet professionnel. Surtout, 60 % affirmaient avoir confiance dans leur filière de formation. Des chiffres qui ne surprennent pas André Dessarthe, DRH du groupe Cegelec: «*Les jeunes commencent à baliser leur carrière de plus en plus tôt, parfois, avant même la fin de leurs études.*»... Mais, ajoute André Dessarthe: «*La formation initiale ne détermine plus autant qu'avant la branche dans laquelle on va exercer. J'ai vu, il y a quelques années, beaucoup de diplômés d'écoles d'ingénieurs se tourner vers les finances. Il y a une dizaine d'années encore, lorsque vous aviez fait une Supélec, vous étiez destiné à entrer dans un groupe spécialisé dans l'électricité. »...* Le choix des métiers n'est plus aussi pré-dessiné qu'auparavant. On parle aujourd'hui de métiers qui ne sont plus à la mode chez les jeunes... Le magazine *L'Expansion*, citant des chiffres de la direction de l'animation de la recherche des études et des statistiques pour l'Île-de-France, relève que les professions du bâtiment, des transports, de la vente, de la restauration n'ont plus la cote auprès des jeunes diplômés. De son côté, le magazine *Courrier Cadres* met l'accent sur «l'éclosion de métiers favorisée par la demande éthique du public». Des métiers qui, certes, *« ne rivaliseront jamais avec les fonctions commerciales ou de production, mais qui captent un grand nombre de cadres et peuvent offrir des carrières passionnantes et prometteuses à ceux qui savent profiter du filon. La plupart de ces fonctions partagent un point commun,* souligne le magazine *Courrier Cadres: elles profitent de l'engouement pour l'éthique et le concept de développement durable dans les entreprises. »* À quelques exceptions près, le cursus scolaire et/ou universitaire n'est donc plus aussi déterminant d'une carrière. Mais *« la palette professionnelle est d'autant plus large que le niveau d'études est élevé. Il est clair qu'un Bac +5 est capable d'apprendre à peu près n'importe quel métier en relativement peu de temps. »*, estime un consultant spécialisé dans le pilotage de carrière.

CONSERVER UNE VISIBILITÉ D'ÉVOLUTION À CINQ ANS

En revanche, il semble que plus on vit dans l'entreprise, plus la visibilité et les choix se restreignent: *« L'idéal est de conserver une visibilité d'évolution à cinq ans. »*, juge Alain Boureau

Élisabeth Vioux, DRH chez Adecco

Les jeunes se situent dans une logique de l'immédiateté.

Vous avez recruté, ces dernières années, un nombre important de jeunes. Quelles sont leurs attentes en matière de carrière ?

« Nous avons effectué, au cours de ces trois dernières années, 700 recrutements en 1999, 1 400 en 2000 et 1 200 en 2001. Ces recrutements concernent essentiellement de jeunes collaborateurs sans grande expérience professionnelle, que nous formons ensuite dans l'entreprise. De prime abord, nous percevons chez eux, un rapport au temps différent de celui de leurs aînés : les jeunes n'envisagent plus leur vie dans l'entreprise de la même façon que leurs parents (il fallait d'abord faire ses preuves et, ensuite, voir comment on pouvait évoluer dans l'entreprise).

Eux se situent davantage dans une logique d'immédiateté, avec une vision à court terme : d'emblée, ils veulent connaître les principaux axes de leur évolution professionnelle, les formations qu'ils pourront suivre... De plus, ils ont une assez bonne perception de ce peut leur offrir une grande entreprise et ont une idée relativement claire de ce dont ils se sentent capables de réaliser et entreprendre au cours de leur carrière. En ce sens, ils font preuve d'une maturité plus « absolue » que celle de leurs aînés lorsqu'ils

/...

qui reconnaît que ce n'est pas toujours évident. Soit parce que l'entreprise ne peut elle-même disposer de cette visibilité, soit parce qu'il n'est pas dans son mode de management d'ouvrir à ses salariés un tel champ de vision. Aussi grand soit leur désir

42

/...

postulent : ils étudient, se renseignent plus qu'ils ne cherchent à se vendre. Le discours à l'embauche n'est plus axé sur cet unique objectif : se vendre. »

Dans quelles circonstances, observez-vous ces différences de comportement ?

Dès l'entretien de recrutement. Par exemple, à l'égard des 35 heures, l'écart entre les générations est flagrant : les anciens ressentent davantage de « scrupules », tandis que pour les jeunes, les 35 heures font partie des nouvelles règles du jeu. Autre différence sensible, la notion de fidélité et de loyauté n'est plus la même.

Ces jeunes, plus réalistes, n'hésiteront pas, s'il le faut, à quitter l'entreprise s'ils n'y trouvent pas satisfaction. Et, c'est à l'entreprise que revient désormais la tâche de travailler sur un certain nombre de thèmes de manière à les inciter à rester.

Une fois dans l'entreprise...

Les nouveaux entrants s'installent dans une logique du présent. Ils font preuve d'une certaine « impatience » et n'ont pas nécessairement envie de patienter dans un poste d'entrée. Il en va de même pour la rémunération. Ils sont très préoccupés d'eux-mêmes, cette impatience les concerne eux. En revanche, ils montrent moins d'intérêt que leurs aînés, pour le monde de l'entreprise. Élément très positif : il leur apparaît très important de s'investir dans leur travail et de se sentir valorisés.

d'autonomie, les salariés, y compris ces jeunes cadres que certains ont qualifié de mercenaires, restent confrontés à des employeurs extrêmement exigeants en termes de compétences, de performances, d'implication au travail. *« Il faut se méfier de certains discours relayés par la presse,* souligne un consultant. *La presse d'entreprise ou les suppléments emplois des quotidiens et des hebdomadaires ont tendance, dans le meilleur des cas, à schématiser les situations. Lorsque que, par exemple, on lisait jusqu'à l'été 2001 que les cadres imposaient leur bon vouloir à des entreprises prêtes à tout ou presque pour trouver et fidéliser des compétences. C'était loin d'être le cas dans toutes les branches!»,* poursuit-il.

Et, quand bien même, certaines entreprises auraient-elles, un temps, céder aux exigences de candidats au profil rare, elles n'ont pas manqué, une fois ces candidats intégrés, de leur opposer des obligations à la hauteur des efforts consentis, lors du recrutement. *«Ne nous leurrons pas : la philanthropie ne fait pas partie du monde de l'entreprise. L'employeur exprime un intérêt pour une formation, une expérience qui lui apporteront des avantages en terme de compétence ou de compétitivité.»,* rappelle Rémy Lesaunier, directeur de la société informatique ImpliQ. Autrement dit, s'il est nécessaire – et recommandé – de conserver un certain pouvoir d'anticipation pour mieux gérer son employabilité, il faut aussi savoir s'impliquer au présent : un passage réussi dans une fonction est un investissement précieux pour l'avenir. D'une part, parce que la réussite d'une mission constitue, en soi, une sorte de formation. D'autre part, parce que cette réussite incite naturellement la hiérarchie à envisager positivement l'évolution du salarié. *«Je crois être quelqu'un de déterminé à conduire et à valoriser les étapes de ma carrière. Je change quand je m'ennuie. Mais cela n'exclut absolument pas que je sois dans le même temps, très «patriote» dans mon entreprise.»,* affirme Flavie G., chef de publicité dans une agence de publicité.

SE FORMER AU CONTACT DES AUTRES

Sauf à s'être trompé d'entreprise ou de branche, la première – et meilleure – garantie d'une évolution professionnelle est, en effet, l'investissement dans le présent. *« J'ai suivi une formation technique qui m'a permis de prendre un peu du galon comme on dit,* explique Anne-Catherine M., chef de projet chez Sopra, une société de services informatiques. *Mais, je ne me contente pas de cette évolution et continue de m'investir à 100 % dans mes nouvelles fonctions. Je me forme au quotidien, au contact des autres. Idéalement, c'est vrai, je souhaiterais faire un saut qualitatif tous les deux ans. Mais pour le moment, cela ne me pose pas de problème. »* On peut donc se montrer exigeant, en terme de formation, d'apprentissage, sans pour autant rogner sur son investissement personnel et son engagement à servir les couleurs de son employeur. André Dessarthe, le DRH de Cegelec, estime d'ailleurs que *« les jeunes générations éprouvent encore un certain patriotisme d'entreprise. C'est encore vrai dans le BTP, peut-être moins dans des branches qui ont été soumises ces dernières années à de grosses restructurations. Nous l'avons constaté, chez Cegelec, lorsque à la suite du rachat de l'entreprise par ses managers au cours de l'été 2001, nous avons repris notre nom. Nous nous appellions Alstom Contracting, simple filiale du groupe Alstom. Le fait de redevenir Cegelec a été très bien perçu par l'ensemble du personnel. »*

C'est justement ce « patriotisme » que les années 90 ont durement altéré la relation entre les cadres et leurs employeurs. *« Il y a eu beaucoup de licenciements et les cadres étaient en première ligne. »,* rappelle Alain Boureau de Leroy Consultants. Ceux qui réussissaient à préserver leur emploi, n'osaient pas mettre le nez dehors, de peur de ne pas retrouver de travail. La perception qu'avaient les cadres du monde de l'entreprise a alors profondément changé. Ils ont découvert toute l'étendue du pouvoir des actionnaires plus soucieux, à leurs yeux, de leurs intérêts et de celui de l'entreprise que du devenir de son personnel. *« Au quatrième changement de propriétaire, on rencontre des gens qui n'ont évidemment plus la moindre confiance dans l'entreprise. »*, explique un consultant. Alors que se succèdent les fusions, réussies ou non, l'harmonisation des cultures d'entreprise ne figure pas toujours, parmi les priorités des initiateurs de ces opérations. Mais, ce n'est pas le seul problème. Lorsque deux entreprises se rapprochent, que ce soit par fusion ou par absorption, il y a bien souvent un « vainqueur » et un « vaincu ». Le groupe qui a pris l'initiative de l'opération impose alors sa culture à l'autre. *« En 1999, l'activité de Cegetel pour laquelle je travaillais a été vendue à la société de services informatiques Sopra,* se souvient Anne-Catherine M. *Je fus alors placée sous la responsabilité d'un chef de service, issu de l'entreprise qui nous avait rachetés… L'ambiance et la motivation se sont dégradées rapidement, mes responsabilités furent subtilement rognées. Mes perspectives d'évolution disparaissaient, elles aussi, malgré les assurances qu'il m'avait prodiguées. Heureusement, ce responsable (lui-même contesté ?) quitta ses fonctions au bout de quelques mois. Sans tarder, j'ai fait part à son successeur de mes attentes : soit on me donnait les moyens d'évoluer, soit je prenais la décision de m'en aller. Il a choisi de favoriser mon évolution. »* Le rapprochement de deux entreprises est toujours une situation difficile pour les salariés qui voient leurs positions

> **Lorsque deux entreprises se rapprochent, il y a le vainqueur et le vaincu.**

© APEC - Éditions d'Organisation (Groupe Eyrolles)

remises en cause sans que leurs compétences le soient. Dans un tel contexte, on s'en doute, leur visibilité se brouille considérablement. Sauf à avoir anticipé ces mouvements – et encore, certains salariés peuvent se trouver dans des situations de précarité qu'ils n'avaient pas imaginées –. Il peut s'avérer extrêmement difficile de devoir rebondir dans un contexte inattendu, incertain, inamical… D'où l'importance d'effectuer, à intervalles réguliers, un recensement de ses compétences, afin de pouvoir, le cas échéant, se vendre, une nouvelle fois, en interne. Les plus clairvoyants peuvent alors choisir, en connaissance de cause, de quitter le navire ou de se positionner sur les opportunités que recèlent toujours ces mouvements d'entreprise.

Martine Kort, consultante animatrice des bilans «Perspectives» Apec

Beaucoup de salariés suivent un parcours "induit".

Qui sont les cadres qui viennent suivre ces sessions?

Certains sont à la recherche de repères. Ils ont le sentiment d'avoir fait le tour de leur poste, de ne plus rien apprendre, ils craignent d'être enfermés dans une fonction et/ou un secteur, ne s'entendent plus avec leur hiérarchie... D'autres viennent dans le cadre d'une démarche qu'ils ont déjà entreprise et souhaitent alors «faire le point», «savoir quel sens donner à leur évolution»... Bien sûr, il peut paraître surprenant de vouloir effectuer un bilan lorsque tout va bien. C'est pourtant le meilleur moment pour envisager, sereinement, la suite possible de son parcours.

À ces cadres qui se situent déjà dans un parcours positif, il manque une opportunité, un déclic... Ce n'est pas parce que «tout va bien» que l'on pilote vraiment sa carrière, pour reprendre cette expression.

Plus précisément...?

Bon nombre de cadres de moins de 40 ans réalisent qu'ils n'ont jamais décidé eux-mêmes, jamais pris une initiative... qu'ils ont toujours agi sur les conseils de leur entourage, de leur hiérarchie, bref, qu'ils ont suivi un parcours «induit». Puis, subitement et bien qu'ils ne se sentent pas en danger, ils éprouvent le besoin de savoir ce que sont leurs véritables désirs professionnels. Là, nous commençons à véritablement parler de pilotage de carrière : pour être en mesure de saisir une opportunité professionnelle, il faut être au clair avec soi-même, connaître ses attentes, ses valeurs personnelles, ses priorités, le prix de ses choix... Ainsi, si la plus inattendue, la plus originale des opportunités se présente, vous pouvez choisir en connaissance de cause, dire : j'y vais parce que «je sais» ou, au contraire, définitivement, ce job n'est pas pour moi !

/...

/...

Quelles difficultés expriment les cadres que vous rencontrez?

Essentiellement, un manque de visibilité sur les développements de leur entreprise. Une certaine complexité aussi à concilier équilibre personnel et professionnel. Et, peut-être plus fréquemment encore, le sentiment de ne pas être managés. Il ressort de ces témoignages, une non-adéquation entre ce que les cadres attendent de leurs managers et ce que ces derniers sont réellement. Entre autres griefs, ils leur reprochent d'être davantage des gestionnaires que de véritables développeurs de compétences. Tout cela, il est vrai, dans un contexte où l'on demande toujours plus aux managers et où les cadres sont amenés à changer relativement souvent de hiérarchiques.

Quel est, selon eux, le manager idéal?

Quelqu'un que sait donner «du sens» et «des sens»... Autrement dit, des objectifs clairs. Quelqu'un qui soit capable d'un véritable échange. Sur ce qui va comme sur ce qui ne va pas. La dimension du manager a changé. Autrefois, il était d'abord l'homme des objectifs. C'est toujours vrai. Mais pour ce faire, il doit être aussi, aujourd'hui, celui qui aide ses équipiers à se développer, à progresser. Il sait également reconnaître et récompenser les performances. Aussi doit-il posséder une incontestable dimension humaine. La presse économique brosse souvent le portrait de ce manager «psy» ou «coach», «d'intelligence émotionnelle au travail»! Reste que tous les managers ne sont pas préparés à assurer ces missions qu'ils reportent sur les DRH. S'en suit une incompréhension entre le cadre et son hiérarchique. Le premier ayant le sentiment que son manager ne s'occupe pas de lui!

Que signifie piloter sa carrière?

Cela signifie être acteur de son devenir professionnel, être capable d'identifier ses marges de manœuvre, être clairs sur ses critères personnels pour les «tricoter» au mieux avec ceux de l'entreprise. On ne pilote jamais seul. À ses côtés, plus ou moins actifs, mais présents tout de même, on trouve son manager et, à un autre niveau, la DRH. Piloter sa carrière dans l'entreprise, c'est réfléchir à ce que l'on peut apporter à son entreprise et ce qu'elle peut nous apporter. Mais, il faut que les termes de l'échange

/...

/...

soient clairement énoncés. Évidemment, la complexité des organisations, le manque de visibilité, la rapidité des changements n'aide pas à clarifier ce contrat tacite. Il se peut également que l'entreprise ne communique pas. Certaines choisissent même cette non-communication comme mode de management. Combien de jeunes cadres recrutés sur des organigrammes en «râteau» viennent, après deux ou trois années passées dans l'entreprise, faire le siège des ressources humaines pour que ces dernières les éclairent sur leurs perspectives de carrière...

De quels outils faut-il disposer pour piloter sa carrière ?

Je viens de l'évoquer : la «visibilité externe», ce qui se passe dans mon entreprise à trois ou cinq ans. Mais, cette visibilité n'est pas toujours possible. Soit parce que le marché, l'activité de l'entreprise, ne le permettent pas. Dans ce cas, il convient de puiser les instruments de pilotage dans sa «visibilité interne», c'est-à-dire dans la connaissance que j'ai de ce qui me fait bouger, avancer, progresser... on en revient à cette nécessité d'être au clair avec soi-même, mais aussi sur le prix de ses choix et de ses renoncements.

Pilote-t-on sa carrière de la même manière à 30, 40 ou 50 ans ?

Oui, pour partie. Quels que soient son âge, sa formation, son niveau d'expérience, nous sommes tous capables d'effectuer ce travail d'identification des compétences, des valeurs qui sont les nôtres, de nos désirs professionnels. En revanche, il est certain que les choix se restreignent au fur et à mesure que l'âge avance. Et si, passés 50 ans, les opportunités de changement sont plus rares, il n'est que plus important de ne pas les laisser filer. Une fois encore, il faut savoir très précisément «ce que contient sa mallette». En termes d'atouts, comme de contraintes.

Que peut-on attendre de son entreprise ?

Assurément, qu'elle vous fasse progresser ! Mais, toutes les entreprises ne disposent pas des mêmes moyens. Par exemple, l'entreprise a un devoir de formation. C'est l'un des moyens de reconnaissance de sa part, que de stimuler les carrières par la formation. Sans cette reconnaissance, les cadres finissent par se lasser et rompre leur contrat. Mais, les entreprises ne disposent pas des mêmes moyens. Les grandes structures seront plus promptes – et plus en mesure – à accorder des formations que ne le seront les PME.

/...

/...

La formation est-elle toujours un booster de carrière ?

Toujours. Et, particulièrement celles qui favorisent l'échange, le travail en groupe, la réflexion au sein de l'entreprise... Les cadres se plaignent de ne pas savoir « ce qui se passe chez eux », de ne pas avoir de visibilité. Nous faisons en sorte, lors des bilans que nous effectuons en entreprise, de réunir des cadres d'horizons divers. Il est intéressant de voir à quel point les uns et les autres méconnaissent leurs métiers. Paradoxalement à l'heure où tous se plaignent des effets pervers de la sur-communication (mails, fax, téléphone), jamais le besoin de « communiquer » ne s'est aussi vivement exprimé !

Quelles réactions vous inspire le comportement de ces jeunes générations de cadres dont le credo professionnel peut se résumer à : « Moi, d'abord ! »

Je pense que tous les jeunes cadres ne sont pas égaux face à une telle affirmation. Il a toujours existé et il existera toujours une élite, très diplômée – généralement des plus grandes écoles – sur laquelle les entreprises misent gros. Ce sont les hauts potentiels. Ceux-là disposent incontestablement d'un fort pouvoir de choix. Ils ne se compromettent d'ailleurs pas, en acceptant de travailler pour une entreprise inconnue et visent, de préférence, les entreprises réputées, « cartes de visite ». Pour ceux-là, affirmer haut et fort « d'abord moi », ne me paraît pas absurde. Mais, cela suppose que l'on ait les moyens de ses ambitions. C'est donc, et avant tout, une question d'atouts personnels à entretenir, à cultiver.

Le pilotage de carrière serait donc réservé à une élite ?

Je ne le pense pas. Mais, affirmer mener sa carrière selon le principe : « Moi, d'abord ! », c'est un peu fort, téméraire, naïf peut-être... comme je vous l'ai dit, on n'est jamais seul. Sauf à travailler en solo... et encore. On pilote aussi au présent, dans son entreprise ce qui suppose une hiérarchie, des échanges, des équipes, des projets... Ce qui est sûr, c'est qu'au-delà des moyens dont il dispose, chaque salarié doit agir de manière à bien se connaître et, ainsi, pouvoir effectuer les meilleurs choix en fonction de ce qu'il est. C'est la même philosophie, moins agressive tout de même !

SAVOIR
SERVIR
SES AMBITIONS

Ne jamais faire l'impasse sur le présent, tout en ajoutant régulièrement de nouvelles cordes à son arc, constitue le moyen le plus sûr de conserver le cap, en toute circonstance. Mais, c'est aussi l'une des principales difficultés de l'exercice. Certains affichent très nettement leurs ambitions, d'autres préfèrent préparer plus discrètement leur futur. *« Aujourd'hui, je n'ai aucune envie de changer de poste ou d'entreprise. »*, affirme Anne-Catherine M., chez Sopra. *Je viens de faire un saut qualitatif, j'en profite pleinement. Si une autre entreprise me faisait des propositions, je ne crois pas que je les accepterais. Parce que j'ai encore beaucoup à apprendre dans mon nouveau poste. Dans un ou deux ans, mon état d'esprit aura probablement changé et il me faudra alors un nouveau challenge pour me motiver. »*, explique la jeune chef de projet informatique.

Pour être devenu une composante essentielle de la vie professionnelle, le pilotage de carrière ne doit, cependant, pas virer à l'obsession. Certes, et tous les consultants le soulignent, il faut savoir utiliser les outils mis à sa disposition comme la formation, les bilans de carrière ou de compétences, le coaching… Mais il importe surtout d'être en accord avec ses projets, de ne pas se laisser étouffer par de trop gros appétits : *« Il faut de l'ambition, mais il faut savoir la canaliser, s'en servir de manière positive. »*, affirme Martine Jore, consultante, qui cite l'exemple de ce DRH *« dont l'ambition se manifestait de manière très agressive à l'égard de son entourage professionnel. Un garçon extrêmement brillant, que son attitude empêchait cependant de s'épanouir dans quelque poste que ce soit. »*, raconte-t-elle. Laisser son désir – légitime – d'évolution personnelle prendre le pas sur toute autre préoccupation risque de générer des effets contre productifs. *« Afficher son ambition n'est pas forcément négatif. A fortiori, si elle sert les objectifs de l'entreprise. Mal servie, l'ambition peut en revanche se révéler un frein à l'embauche ou à l'évolution au sein de l'entreprise. Tout tient en fait à la manière de communiquer. »*, estime Rémy Lesaunier, directeur d'ImpliQ.

TOUT LE MONDE N'EST PAS FAIT POUR ÊTRE MANAGER

À l'inverse, le manque d'ambition est analysé différemment, selon les cas. Pour Martine Jore, *« tout le monde n'est pas fait pour être manager. Il faut savoir l'accepter. Là encore, l'important est de bien se connaître pour ne pas perdre de temps, ne pas se tromper de voie »*. Certains techniciens hautement qualifiés se trouvent ainsi paralysés lorsqu'ils sont amenés à diriger des équipes. Et si le management des hommes s'apprend, tout le monde n'en possède pas le don. Plus radical, Alain Boureau, lui, met véritablement en garde contre le manque d'ambition qui *« représente un véritable handicap pour un cadre parce qu'il risque d'exister, à terme, un fort risque de démotivation »*.

Les cadres maîtrisent-ils leur carrière ?

44 % des 3000 cadres interrogés par l'Apec, dans son enquête annuelle Cadroscope 2002, déclarent maîtriser leur carrière. Et, plus particulièrement les cadres de Direction générale, ainsi que ceux qui ont effectué un changement d'entreprise dans l'année. L'impression de gérer sa carrière est très liée à l'âge, souligne l'enquête de l'Apec. Les plus jeunes, ceux qui ont le moins d'ancienneté (46 % des cadres ont plus de dix ans d'ancienneté dans leur entreprise) sont plus nombreux à déclarer maîtriser leur devenir professionnel. À l'inverse, 32 % des plus de 50 ans estiment que cela ne sert à rien. Quelles que soient les méthodes mises en œuvre simultanément pour gérer leur carrière, ces cadres vivent manifestement cette problématique comme relevant d'une démarche personnelle. Voire une « affaire privée », dont ils font peu de publicité à l'intérieur de l'entreprise, au risque, d'ailleurs, de se priver d'instruments efficaces. Comment maîtrisent-ils leur carrière ? D'abord, en mettant en œuvre des démarches personnelles : recherches personnelles (32 %) et suivi du projet professionnel (20 %). La formation et le bilan de compétences sont, également, considéré comme des moyens efficaces. Enfin, 14 % des cadres, qui déclarent maîtriser leur carrière, utilisent les moyens mis à disposition par l'entreprise et s'y investissent (8 %).

Reste que 52 % des cadres déclarent ne pas maîtriser leur carrière. Soit parce qu'ils n'en ressentent pas le besoin ou parce qu'ils n'en ont pas le temps. 16 % reconnaissent que c'est par manque d'information ou, plus simplement, de compétences.

C'est vrai qu'il apparaît contradictoire de prétendre vouloir piloter sa carrière sans manifester un minimum d'ambition. Reste à l'exprimer clairement, sous peine de n'être pas entendu. Tel Robert R., technicien dans un groupe agroalimentaire français de taille internationale qui, alors qu'on lui

MA VIE DANS L'ENTREPRISE

avait promis son passage au statut cadre, voyait ses collègues promus sans que sa situation personnelle n'évolue. *« Il avait bien demandé une fois, pourquoi il n'était pas promu, mais si discrètement que c'était comme s'il n'avait rien fait. »*, explique Martine Jore. Face à sa non-évolution, Robert R. affichait un désintérêt grandissant pour le poste qu'il occupait. *« Il a fallu que j'insiste auprès de la DRH pour que sa situation évolue, explique Martine Jore. En fait, personne ne s'opposait vraiment à sa promotion au statut cadre. Mais, il était si discret face à des collègues plus entreprenants, qu'on l'avait presque oublié. »* Enfin devenu cadre, Robert R. s'est épanoui, prenant des initiatives que personne n'aurait attendues de lui, dans son poste précédent.

IL FAUT AVOIR LE SENS POLITIQUE

Aidé par un intervenant extérieur, Robert R. a donc vu sa situation s'améliorer. Une chance qu'il a su saisir et qui lui a permis de compenser une carence personnelle importante pour qui veut maîtriser sa progression dans l'entreprise : le « sens politique ». *« Je dirais que c'est le complément indispensable de l'ambition. »*, affirme Martine Jore. Et si le mot conserve une connotation souvent négative, en particulier dans l'entreprise, c'est qu'il est trop souvent assimilé à des notions telles que manœuvre, manipulation… *« Avoir le sens politique, ce n'est après tout que savoir apprécier le pouvoir respectif des uns et des autres, y compris le sien. Et de s'en servir à bon escient. »*, explique la consultante. D'une certaine manière, un cadre, ou plus généralement un salarié, est citoyen de cette société, si particulière, qu'est l'entreprise. Une société qui repose sur un équilibre des pouvoirs qu'il convient de bien comprendre pour anticiper ses propres évolutions et celles de

Prenez une longueur d'avance

1. Focalisez-vous sur votre mission et non sur votre carrière.

2. Ne vous limitez pas à une vision à court terme.

3. Communiquez avec les autres.

4. Bien connaître les enjeux et la stratégie de l'entreprise, et montrer son implication à la direction des ressources humaines.

5. Ne pas valoriser le service rendu, mais ce que l'on s'apprête à développer.

6. Prouvez en permanence que sa contribution à l'entreprise représente une véritable valeur ajoutée en s'appuyant sur des résultats concrets.

7. Constituez son propre réseau, cultivez les relais grâce à des personnes clés.

8. Possédez de solides critères d'évaluation de son capital de compétences.

Source : in Courrier Cadres

l'entreprise. «*Que ces pouvoirs correspondent ou non à des compétences réelles, n'a finalement que très peu d'importance. Ce qui compte, c'est de savoir en jouer.*», poursuit, un brin cynique, Martine Jore.

Cet exercice de politique interne est rendu d'autant plus difficile que, comme le souligne Alain Boureau : «*La structure même du travail a changé. On ne travaille plus avec la même équipe d'un bout à l'autre d'une mission. Au gré des impératifs, des projets, un cadre intègre des équipes différentes…*» Cette mobilité, source incontestée d'enrichissement, peut être, pour les moins confiants, génératrice de stress et par conséquent de déstabilisation. Leader naturel dans une équipe,

> Si l'hypothèse de la démission devient une délivrance, il ne faut pas hésiter.

un cadre peut se trouver en position d'infériorité dans une autre. Dans ces conditions, il lui sera plus délicat de trouver ses repères, d'enrichir son réseau, de connaître ses appuis... balises nécessaires au pilotage de ses évolutions mais qui, compte tenu des organisations transversales du travail, par exemple, deviennent plus difficiles. Cette souplesse dans les organisations offre, en revanche, des opportunités de parfaire sa formation et de multiplier les expériences au gré des contacts. Hélène de S., cadre dans une SSII, passe l'essentiel de son temps à passer d'un rôle à l'autre. *« Dans la même journée, je suis technicienne, chef de service ou au contraire apprentie. Dans une certaine mesure, je « joue » plusieurs personnages. Il ne s'agit ni d'hypocrisie, ni de faux-semblants, mais, me semble-t-il, d'une condition d'exercice de tout métier dans l'entreprise. Plus aucune fonction n'est isolée et vos interlocuteurs, équipiers, clients, formateurs... font que vous êtes, tour à tour, en situation d'apport de compétences, de partage d'expériences ou, plus humblement, d'apprentissage. Ce n'est pas toujours facile, mais ça permet, sinon de s'enrichir constamment, de moins se scléroser. »*, analyse-t-elle. Et cette multiplicité de rôles, lorsqu'elle est pleinement gérée et assumée, ne peut être que positive et dynamiser une évolution de carrière.

Tous, bien sûr, nous ne possédons pas cette faculté d'adaptation que certains métiers, plus que d'autres, certains tempéraments aussi, encouragent et facilitent. Incapable de se vendre, ni de sortir seul du rôle qui lui avait été assigné, Robert R. aurait-il quitté son entreprise, si sa promotion ne lui avait finalement pas été accordée ? Pas si sûr. Peut-être même aurait-il continué de s'étioler dans ses fonctions et, le temps passant, se serait démotivé ? À coup sûr, être de « tous » les projets, de « tous » les groupes de réflexion, se porter volontaire pour des

Prêt... partez !

1. Faites le point sur vos insatisfactions : sont-elles liées au métier exercé, à l'environnement direct de travail, au type d'entreprise, à l'envie d'élargir vos missions, de prendre des responsabilités supplémentaires ou des échecs mal acceptés ?

2. Osez parler à votre supérieur ou au responsable du personnel ou encore à un collègue de confiance de vos insatisfactions.

3. Élaborez un projet d'évolution interne ou externe et vérifiez sa pertinence en échangeant avec les professionnels concernés par le type de poste visé.

4. Testez le marché : jouez des réseaux en interne, participez à des projets tranversaux, postulez sur des postes vacants. En externe, répondez aux offres ciblées sur le projet et écrivez aux chasseurs de tête. En se gardant d'erreurs d'appréciation par rapport aux intitulés de fonctions : un responsable des ressources humaines dans une PME n'exerce pas le même métier qu'un confrère dans un grand groupe.

5. Négociez tant avec les interlocuteurs internes qu'externes, car le marché de l'emploi très tendu pour les jeunes cadres les place en position de force.

Source : in Courrier Cadres

missions ponctuelles voilà qui, à défaut d'opportunités, peut relancer l'intérêt au travail. Mieux encore, se montrer prêt à investir sur les développements de l'entreprise, y compris sur des projets sur lesquels vous êtes susceptibles d'apporter une valeur ajoutée, est de nature à inciter cette dernière à investir, en retour, sur vos compétences. On tient, là, l'une des clés du pilotage de carrière : si la loyauté à l'égard de l'employeur est rarement prise en défaut, l'enthousiasme, lui, est une composante extrêmement périssable. Mais, tempère Aurore U., chef de produit junior chez un fabricant de cosmétiques: *« C'est vrai, on peut se remotiver. En se lançant des défis, en se fixant des challenges personnels, y compris sur des missions, a priori sans grand intérêt. Mais, c'est une méthode qui a ses limites. »*… Des limites au-delà desquelles, il convient alors de se poser la question de la démission: *« Si l'hypothèse de la démission devient une délivrance, alors il ne faut pas hésiter ! »*, assure Alain Boureau, chez Leroy Consultants.

À LIRE :
- **« Anticiper le changement : mission possible »,** par Kenneth Blanchard et Terry Waghorn, 1997, 192 pages, Éditions Dunod. 23,00 €
- **« Nouvelles responsabilités : les clés du succès »,** par Marie-Dominique Meyel, 2002, 126 pages, Éditions Prat. 10,00 €
- **« L'art du management 2.0 »,** Collectif d'auteurs, 2001, 436 pages, Village Mondial. 43,00 €

> QU'EST-CE QU'UN PROJET PROFESSIONNEL?

Comme son nom l'indique, un projet professionnel est **tourné vers l'avenir.** C'est une projection, dans le futur, de votre situation professionnelle. Mais, pour pouvoir parler de projet, il faut, bien sûr, disposer d'une liberté de choix et d'action qui permettent une marge de manœuvre individuelle. Celle, justement que veut se donner le salarié qui souhaite piloter sa carrière.

Mais, pour que ce projet prenne corps et qu'il ne reste pas dans le domaine du rêve, encore faut-il qu'il soit réaliste, réalisable.

Réaliste, il doit tenir compte des contraintes et des opportunités du marché.

Réalisable, il doit pouvoir être atteint par des actions appropriées à partir de votre potentiel de compétences. Ce projet pourra se définir, en première approximation, par des éléments, tels qu'une fonction, un secteur d'activité économique, un niveau hiérarchique, une rémunération, une région de travail... Mais, il pourra aussi prendre des formes diverses : un produit, un service, un mode d'organisation ou une structure nouvelle à créer, une mission, des responsabilités...

Dans tous les cas, votre projet doit s'articuler autour de trois constantes : un objectif, du temps et des moyens.

Vous donner un projet, suppose que vous sachiez quel résultat vous voulez atteindre même si, paradoxalement, ce que vous voulez atteindre est... que rien ne change ! Mais, dans la plupart des cas, la volonté de se donner un projet est liée à un désir de changement. Et parmi vos raisons de changer, il importe de découvrir laquelle prévaut : une volonté de quitter une situation professionnelle insatisfaisante ou d'obtenir des résultats dont vous serez fiers ?

Dans le premier cas, **les motifs de l'insatisfaction** sont liés à un environnement professionnel : secteur d'activité, type de relations avec les autres, climat de l'entreprise, conflit... Prenez soin, alors, de bien repérer et définir l'élément déclencheur de l'insatisfaction actuelle. Tant que vous n'aurez pas clarifié cet élément, vous ne pourrez qu'en rester au : « Je n'ai plus envie, je ne peux plus faire ce que je fais. » En revanche, si vous avez pu définir que c'est le climat de l'entreprise qui vous pèse et que sans cela tout irait très bien, les paramètres de définition de votre projet deviendront plus clairs.

Il est important de savoir quitter son entreprise **« pour »** évoluer vers un meilleur poste, davantage de responsabilités et, pourquoi pas, un salaire plus élevé, que **« contre »** une situation difficile, un contexte oppressant, un supérieur hiérarchique insupportable...

C'est dans le deuxième cas, quand vous savez **quelles satisfactions** vous recherchez, que l'on peut réellement parler de motivation. Élaborer un projet implique d'imaginer ce que vous voulez construire, créer, réaliser, écrire et quel type de satisfaction vous comptez en tirer : pouvoir, argent, notoriété...

Une projection de soi dans l'avenir... cela n'a de sens que dans un délai donné. C'est pour cette raison que vous vous entendrez souvent poser la question : *« Comment imaginez-vous votre situation professionnelle dans cinq, dix ans ? »*

C'est d'ailleurs, dans certains cas, une manière de **définir son projet professionnel à court terme** en choisissant l'étape la plus favorable pour atteindre un but ultérieur. Ainsi, une personne visant un poste de management pourra choisir une expérience commerciale à court terme, après un acquis très technique. Mais, si cette même personne, à une même étape de réflexion, se voit davantage dans un rôle de spécialiste, elle fera un choix différent.

Il ne s'agit pas, bien sûr, de prendre des décisions irrévocables qui fixeraient définitivement une orientation professionnelle. Le projet, comme la carrière, doit pouvoir s'adapter aux modifications de l'environnement professionnel. En revanche, il est important de situer son projet sur une trajectoire et de ne pas se lancer dans une direction sans savoir où elle vous mène.

« Projeter », si l'on se réfère au *Petit Robert*, c'est former l'idée de ce que l'on veut faire et des moyens d'y parvenir. C'est la prise en compte de ces moyens qui différencie le projet du rêve ou du simple désir. Bien évidemment, pour devenir réalité, votre projet devra se confronter au marché de l'emploi. Peut-être découvrirez-vous que vous devrez vous « ajuster » par la formation, élaborer une stratégie de communication, de recherche particulière... Mais,

© APEC - Éditions d'Organisation (Groupe Eyrolles)

au premier stade de la définition de votre projet, il est utile **d'iden-tifier toutes les hypothèses envisageables,** quel que soit leur degré de faisabilité. Faute de quoi, chaque hypothèse risquerait toujours d'être écartée d'emblée.

Le fait d'avoir défini votre projet vous apportera plus d'assu-rance et de précision dans vos démarches. Vous opterez plus faci-lement pour celles qui vous rapprochent de votre objectif ou écarterez celles qui vous en éloignent. Par exemple, en évitant de répondre, au hasard, aux annonces de la presse. Vous utiliserez plus efficacement vos réseaux, parce que vous savez où vous vou-lez aller. Vous argumenterez plus efficacement lors du choix d'une formation... **Bilan et projet professionnel sont les basics du pilo-tage de carrière.**

Source : Méthode Déclic, Apec

Chapitre 3

SAVOIR QUI JE SUIS, POUR DEVENIR QUI JE VEUX

AI-JE TOUS MES INSTRUMENTS DE NAVIGATION?

Cadre, salarié, vous ne possédez qu'un seul
actif : vous-même. Mais pour être unique, cet
actif n'en est pas moins complexe. Reprenant
l'adage « Connais-toi, toi-même », tous les
spécialistes s'accordent à le dire : pas de
stratégie de carrière efficace sans, à la base,
une bonne connaissance de ses compétences,
de ses aptitudes, de ses ambitions, mais aussi
de ses points faibles, de ses lacunes. Pour
effectuer ce voyage professionnel à l'intérieur
de soi-même, un outil : le bilan de compétences.
Certains craignent de devoir s'y dévoiler mais,
sans ce retour sur son passé, pas de projet
de carrière réaliste.

POUVOIR
LEVER LE NEZ
DU GUIDON

Avant le décollage, tout pilote, s'il est sérieux, effectue une vérification complète de l'ensemble des instruments qui lui permettront de naviguer et de contrôler l'appareil. Le processus n'est pas si différent lorsque qu'il s'agit de donner une orientation majeure à sa vie professionnelle. Sur ce point au moins, les spécialistes sont unanimes : pas de pilotage de carrière sans une bonne connaissance de soi ! De prime abord, ce type de bilan professionnel et personnel peut sembler élémentaire à dresser. Un regard sur ses diplômes, un autre sur son parcours et le tour est joué ! Mais, ce serait trop simple. Et si ces bilans professionnel et personnel étaient réalisables en deux temps trois mouvements, pourquoi alors ne serions-nous pas capables, tous, de nous frayer les meilleurs chemins ? C'est que, comme l'explique Alain Boureau, de Leroy Consultants : *« Les salariés disposent souvent de compétences qu'ils ignorent et qu'ils ne peuvent découvrir qu'avec l'aide d'un tiers qui les aide à réfléchir plus profondément sur leur quotidien professionnel. »* Mais la vie en entreprise, avec ce qu'elle a d'astreignant au quotidien, empêche de prendre le recul nécessaire pour entreprendre une analyse sereine de sa situation. Pas de bilan possible lorsque l'on a «le nez dans le guidon», comme on dit!

Sophie T., 45 ans, formatrice d'enseignants dans le secteur privé, fait face à un certain nombre d'interrogations sur son avenir professionnel, lorsqu'elle décide de participer à l'une des sessions «Perspectives Bilan-Orientation», organisées et animées par l'Apec. Elle explique: *«Il me paraît important d'entreprendre une telle démarche, car elle officialise votre désir d'évoluer. Ces sessions, en vous exposant au regard des autres, notamment en vous amenant, à parler de votre métier devant des gens qui ne le connaissent pas du tout, révèlent un nouvel angle de votre profil.*

Parler à voix haute, être écouté, entendu... comme une psychothérapie.

Tout à coup, vous découvrez la nécessité de formaliser des «choses», – c'est le mot! – sur lesquelles vous n'avez jamais réfléchi, parce qu'elles font partie de votre quotidien. Il n'y a que dans ce type de stage que l'on peut faire cet exercice: une telle formalisation est impossible à réaliser dans le cadre de son entreprise. Votre famille, vos amis ne sont pas, non plus, les meilleurs interlocuteurs. "Ils ont d'autres chats à fouetter" et ne connaissent pas le contexte dans lequel vous travaillez, vous évoluez. Leurs conseils ne serviraient pas à grand-chose. C'est un peu comme une psychothérapie. Parler à voix haute, être écouté, entendu, révèle certains aspects de votre parcours professionnel, de votre personnalité aussi, que vous saviez mais dont vous n'aviez pas conscience.» Si Sophie T. n'a pas encore pris de décision, à l'issue de cette session, elle détient, de son aveu même: *«Tous les indicateurs pour le faire. Une vision plus claire de mon travail actuel, de mes capacités et de mes désirs.* »

Sans pouvoir être comparée avec une véritable introspection comme on peut s'y livrer en psychanalyse – ce n'est d'ailleurs pas leur but – les bilans de compétences permettent tout de même d'opérer un retour sur soi. Psychologue de formation, Alain Boureau, de Leroy Consultants, souligne la proximité entre les deux pratiques. « *Ce n'est pas moi qui donne les solutions. D'abord, parce que je ne les connais pas. Ensuite, parce qu'une solution venue de l'extérieur ne sera pas acceptée, ni très efficace. Mais en tant qu'intervenant extérieur à la sphère professionnelle et personnelle de l'individu, je le fais réfléchir sur ce qui pose problème, et c'est lui qui trouve les solutions.* »

ON NE SE DÉPERSONNALISE PAS QUAND ON ARRIVE AU BUREAU

En fait, et par certains aspects, le bilan de compétences s'apparente à une sorte d'«examen de conscience» professionnel. Des mots qui risquent de dissuader ceux qui se méfient de ce type d'introspection… Dommage ! Car l'existence et la pratique de ces bilans nous rappellent une évidence trop souvent oubliée des entreprises comme des salariés : quels que soient ses compétences, ses talents, ses expériences, le salarié, qui veut apprendre à piloter sa vie professionnelle, est avant tout un être humain avec ses émotions, ses contradictions, ses désirs, ses certitudes et aussi ses angoisses. S'il ne s'agit effectivement pas de sonder les profondeurs de l'âme, le fait est que la frontière entre ce que l'on est dans sa vie en entreprise et ce que l'on est dans sa vie personnelle est relativement ténue. Et les sas qui protègent ou séparent l'une de l'autre, ne sont pas toujours étanches. « *On oublie trop souvent l'humain. Or, on ne se dépersonnalise pas quand on*

© APEC - Éditions d'Organisation (Groupe Eyrolles)

arrive au bureau le matin.», rappelle la consultante Martine Jore, elle aussi, psychologue de formation. Une insatisfaction dans sa carrière peut avoir des répercussions sur la vie personnelle ou familiale, et inversement.

Ceci admis, Il ne faut pas se méprendre, non plus, sur la nature et l'objectif du bilan de compétences: «*Contrairement à ce que cette appellation peut laisser supposer, il ne s'agit pas d'évaluer les compétences techniques de l'individu, mais de découvrir comment les utiliser au mieux.*», poursuit Alain Boureau. En fait, le processus consiste à analyser le parcours du salarié ou du cadre qui effectue ce bilan, à détecter les richesses qu'il recèle et que l'on n'a pas toujours perçues. Ce travail de découverte n'est pas toujours facile à mener. Tel ce cadre supérieur de l'industrie qui refusait de se dévoiler devant un consultant. «*Sous de froides apparences, cet homme qui avait effectué toute sa carrière à des postes de direction, refusait de se laisser découvrir, comme si sa carapace servait à cacher une grande pudeur.*», se rappelle le consultant qui a réalisé avec lui le bilan. Il ajoute: «*La démarche n'est pas automatique pour un salarié ou un cadre. S'ils sont nombreux à avoir intégré la nécessité de faire un point régulier sur leurs compétences, leurs parcours, ceux qui viennent me voir, m'avouent souvent qu'ils y pensent depuis plusieurs années... cela me paraît normal: il faut toujours du temps entre le début de la perception d'un malaise – ou d'une envie – et le passage à l'action pour résoudre le premier ou assouvir la seconde.*»

DES COMPORTEMENTS INFANTILES VIS-À-VIS DE SON TRAVAIL

Pas simple non plus, pour celui qui se sent observé, étudié, scanérisé, même avec l'aide d'un tiers dont c'est le métier, de

Cinq questions à se poser avant de se lancer

• **Quel objectif ?**

Si vous voulez accélérer votre carrière, préférez une formation diplômante de type 3e cycle ou MBA. Les cadres expérimentés qui souhaitent glisser vers une autre fonction choisiront une formation de perfectionnement, plus courte et plus concrète. Enfin, si vous dirigez déjà une équipe, une formation au management peu améliorer votre pratique.

• **Est-ce le bon moment ?**

Votre vie privée vous laissera-t-elle le temps nécessaire ? Comptez une vingtaine d'heures par semaine pour une formation de longue durée. Par ailleurs, les échéances que vous vous êtes fixées correspondent-elles à celles de l'entreprise ? Autrement dit, êtes-vous certain qu'à l'issue de votre formation, votre employeur aura besoin de vous pour le poste que vous visez ?

• **Comment votre entreprise perçoit-elle votre projet ?**

Une entreprise peut donner son accord pour compenser le fait de ne pas accorder de promotion ou d'augmentation et «fidéliser», ainsi ses cadres. En la matière, mieux vaut connaître les intentions de votre employeur !

• **Êtes-vous prêt à investir ?**

Les entreprises acceptant de financer une formation longue et coûteuse sont rares. Et l'accord du Fongecif n'est pas automatique... Sachez que le prix d'une formation peut aller de 2 286,74 € (un 3e cycle au Cnam ou dans un Institut d'Administration des Entreprises) à 15 244,90 € pour un MBA à l'École Supérieure de Commerce de Paris).

• **Comment choisir ?**

Trois types de validation existent :

– le diplôme d'État : reconnu sans condition, il certifie l'acquisition de compétences transversales, donc utilisables dans différents secteurs d'activité.

– le titre homologué : ce «label qualité» attribué à quelque 4 000 formations donne au stagiaire une reconnaissance officielle à la sortie. Le critère ? Ces formations répondent à un besoin sur le marché du travail.

– le certificat de qualification professionnelle : reconnu par les branches professionnelles, les CQP valident des compétences pointues dans un secteur donné : métallurgie, chimie, agroalimentaire, etc. Inconvénient : elles ne sont pas transférables dans un secteur.

Source : in Courrier Cadres

© APEC - Éditions d'Organisation (Groupe Eyrolles)

s'avouer que l'on s'est trompé d'aiguillage au départ. Comme le remarquent bien des DRH et consultants, bon nombre de carrières ont été initiées par les parents – certains salariés n'auraient-ils pas fini de «grandir»? – *« Il est frappant de constater l'importante proportion de gens qui montrent des comportements très infantiles vis-à-vis de leur travail. Y compris dans les sphères supérieures de l'entreprise. »*, reconnaît Martine Jore. L'âge venant, ils finissent, bien sûr, par acquérir une certaine lucidité. Souvent d'ailleurs, à l'occasion d'un changement qui leur échappe. Ils sautent alors le pas. *« Je pense que j'étais programmé pour faire HEC bien avant ma naissance ! »*, affirme Yves C., ancien trader dans une société de Bourse, aujourd'hui reconverti dans l'éducation. *« Mon bilan de carrière m'a permis de comprendre que ce métier, qui me rapportait des sommes considérables, n'était pas celui que je voulais réellement exercer. J'avais simplement suivi le chemin que mes parents avaient tracé pour moi, et comme j'avais certaines facilités, je suis arrivé sans trop de problèmes, là où, en fait, ils avaient souhaité que j'arrive. »* Un mini krach boursier, suivi d'un plan social dans l'entreprise «permettra» à Yves C. de quitter cette voie royale qui, non seulement l'ennuyait, mais le mettait *« dans un état de stress que je n'étais pas capable physiquement de supporter. »*

Suivre une voie fortement tracée par ses parents, par exemple, peut effectivement conduire à certaines déconvenues. Après une courte expérience professionnelle, ou parfois même dans les mois qui suivent l'obtention de leur diplôme, il n'est pas rare que de jeunes cadres ou de jeunes diplômés éprouvent le sentiment – et l'angoisse – d'avoir fait fausse route. Ils cherchent alors à changer d'orientation. Ce sont, bien souvent, les

> Programmé pour faire HEC bien avant ma naissance.

premières expériences en entreprise qui viennent bousculer les certitudes. Pour Michel F. qui effectue une certain nombre de bilans de compétences avec de jeunes diplômés en quête d'une nouvelle aventure professionnelle, cette désillusion provient du fait qu'« *un certain nombre de jeunes, lorsqu'ils choisissent une école, un cursus, ne visent en fait qu'un diplôme. Peu ont alors une idée très précise de ce qu'ils souhaitent faire, mais également de la palette, plus ou moins restreinte, des métiers qu'ils pourront exercer au cours de leur vie professionnelle. Ils s'expriment d'ailleurs davantage en termes de domaine d'activité que de réelles missions. Ainsi, parlent-ils d'une envie de travailler dans le commercial, dans la communication, dans l'humanitaire, mais ils ne connaissent pratiquement aucun intitulé de poste, ni description de missions qui pourraient traverser leurs attentes.* » Pour Michel F. qui milite pour une sensibilisation des étudiants à l'entreprise, au marché de l'emploi, « *cette remise en question est la première de la vie professionnelle. Elle résulte souvent d'un manque de sensibilisation à la notion de projet. Les écoles attirent de plus en plus l'attention de leurs étudiants sur la nécessité de se construire un projet professionnel. Même si, au cours de la vie, il conviendra de le remanier. De leur côté, les recruteurs, de leurs côtés, sont très attentifs, lorsqu'ils recrutent des jeunes diplômés, à ceux qui, en haut de leur CV et en quelques mots, inscrivent un projet.* » Reste qu'une erreur d'orientation ne saurait être assimilée à un échec. Et, plus que l'orientation, c'est très souvent le parcours lui-même qui est à remettre en cause: « *Les étudiants,* recommande Michel F., *doivent profiter de leurs stages, à condition de les inscrire et les choisir dans une logique de parcours professionnel, pour mettre à l'épreuve de l'entreprise, leurs connaissances, leurs valeurs personnelles, leurs attentes, leurs envies.* »

MA VIE DANS L'ENTREPRISE

APPRENDRE À TRIER SES VALEURS

Mais que faire en cas de « mauvais aiguillage » ? Sûrement pas tirer un trait sur des années d'études, dont l'utilité se démontrera toujours au cours de la vie active. *« Les jeunes, outre le fait, de ne pas savoir quelles compétences, quels savoirs ils ont acquis et, surtout, de quelle manière et où les utiliser, se focalisent sur un seul aspect du projet professionnel et décident que oui ou non, ils se sont trompés d'orientation. Or, il n'y a pas que cet aspect-là qui puisse entrer en ligne de compte dans un désenchantement. Dans son entreprise, on peut apprécier – ou pas – un travail, mais aussi une culture, une ambiance, un patron, une manière de travailler... il suffit parfois que les relations entre les collaborateurs deviennent excellentes pour que le jeune cadre qui s'interrogeait, s'épanouisse et jette un regard plus serein et plus constructif sur sa vie active. D'autres se révèleront en quittant une grosse structure pour une plus modeste ; d'autres encore en passant du privé au public... les jeunes doivent apprendre à trier parmi leurs valeurs, celles qui les animent réellement, celles sur lesquelles ils feront plus facilement l'impasse, se montreront plus flexibles. C'est ce que nous essayons de découvrir, entre autres choses, au cours des bilans. »*, conclut Michel F.

DÉTERMINER SA VALEUR AJOUTÉE

Il n'y a pas que les premiers pas en entreprise, qui soient générateur d'interrogations. Le passage de la quarantaine se révèle presque toujours un moment d'agitation professionnelle: *« Ils sont nombreux à entreprendre un bilan entre 35 et 40 ans. À cet âge, on a travaillé depuis assez longtemps pour se questionner sur son avenir. Mais le passage de la quarantaine correspond également à une période de crise identitaire, d'un retour sur soi. On se demande quel sens donner à sa vie, personnelle et professionnelle. »*, rappelle Alain Boureau. Ce qui n'empêche pas certains récalcitrants d'attendre jusqu'à 55 ans pour se lancer dans l'aventure. Le cas est rare. Mais, c'est bien souvent parce qu'ils ne les ont ni recensées, ni évaluées, au tournant de la quarantaine, que les compétences de certains seniors sont devenues obsolètes. Pour ceux-là, il est alors difficile de renouer un contrat de confiance avec leur entreprise en rebondissant, par exemple, sur de nouvelles missions internes comme celles de formateur, tuteur… Plus personne, aujourd'hui, n'oserait contester la nécessité de ces «arrêts sur soi-même» que constituent les bilans. Mais, quant à savoir s'il faut répéter l'opération, les avis divergent. *« C'est évidemment le premier qui est le plus important et le plus difficile. »*, souligne Alain Boureau. Les autres ne sont, dans bien des cas, que des vérifications, dont le but est principalement de rassurer. Rémy Lesaunier, directeur de la société informatique ImpliQ, estime, lui, qu'il est important *« de faire des bilans de compétences aussi régulièrement que possible. Pour mieux se connaître et, par conséquent, mieux savoir où l'on peut ou l'on veut aller. C'est une sorte d'inventaire de sa valeur ajoutée. »* Reste, bien sûr, à pouvoir payer le prix de l'introspection: *« La démarche coûte relativement cher, environ 4 500 € en moyenne. »*, avertit Alain Boureau. Et, même dans le cas où elle serait prise en charge, il faut pouvoir l'assumer. Vis-à-vis de l'entreprise, mais également de soi-même…

Certes, il faut se garder de confondre le bilan de carrière, aussi approfondi soit-il, avec un examen psychologique. La finalité du bilan de carrière reste bel et bien de pointer les atouts et les carences d'un individu, mais dans une logique de gestion de l'avenir professionnel. *« On passe votre CV au scanner pour y déceler des compétences qui ne se sont pas avérées… »*, rappelle un consultant. Et du passé, on ne fait surtout pas table rase, tant il contient les potentialités du futur. Mais, faire le point sur sa carrière, c'est quelquefois l'occasion de pouvoir comprendre «ce qui ne va pas». Il arrive alors que l'on *«frôle les contours de sphères plus intimes. »*, avoue Michel F., consultant spécialisé en bilans de compétences: *« Lorsque l'on est amené à admettre, soi-même, que certaines évolutions de sa vie professionnelle se sont produites, mais pas nécessairement celles que l'on escomptait; que d'autres, jamais envisagées, ont fait irruption tels de véritables*

> Frôler les sphères les plus intimes.

Martine Kort, consultante "Perspectives" à l'Apec, signale huit points de vigilance ou de "réalité" pour dynamiser votre évolution de carrière.

1. Ne pas vouloir « le beurre et l'argent du beurre » : vous devez rester clair sur les enjeux que vous avez choisis (ce que vous êtes prêts à perdre, à risquer et à gagner).

2. Je pilote ma carrière, oui... mais en fonction de mes proches (ne pas négliger les impératifs souvent liés à votre situation familiale).

3. Être en mesure, parfois, d'envisager des évolutions étape par étape (c'est-à-dire pouvoir changer de métier dans l'entreprise avant même de changer d'entreprise).

4. Connaître les exigences du marché : (ex. : obligation de parler couramment l'anglais pour postuler dans telle ou telle société).

5. Apprendre à conduire votre carrière.

6. Savoir communiquer et trouver une cohérence de parcours : vous devez être en mesure de trouver le fil conducteur relatif à votre carrière qu'elle soit atypique ou pas.

7. Apprendre à vous constituer un réseaux de relations.

8. Avoir un co-pilote (DRH de votre entreprise ou un consultant à l'extérieur).

cataclysmes; que certaines formations n'ont pas débouché sur les progrès attendus... on est alors conduit à soulever d'autres questions d'ordre plus personnel, plus intime, cette fois... Et cela, bien sûr, ne se fait pas sans quelques égratignures. Pourtant, il faut savoir regarder en face, les côtés les moins positifs de votre personnalité pour comprendre qu'à un moment ou à un autre, ils ont pu compromettre vos projets, vos ambitions ! »

MA VIE DANS L'ENTREPRISE

Alain Boureau le sait bien, qui précise: « *Le plus souvent, le problème ne vient pas de l'entreprise, mais de la relation de l'individu avec l'entourage professionnel.* » Avec ses supérieurs comme avec ses subordonnés, les rapports humains sont aussi, et parfois même pour une grande part, déterminants d'une évolution, de la réalisation de projets. « *La première difficulté est de l'admettre. La seconde de trouver, en cas de conflit, un remède.* », reconnaît la consultante Martine Jore.

COMMENT UTILISER LA FORMATION POUR PROGRESSER ?

Face à cette complexité d'analyse du parcours professionnel, face à cette difficulté aussi, d'en tirer les enseignements nécessaires à la préparation des futurs changements, on pourrait être tenté de vouloir simplifier les étapes, de se limiter à un type de trajectoire, un nombre limité de challenges, bref être conseillé: faut-il multiplier les expériences ou ne s'en tenir qu'à une trajectoire, faut-il miser sur des savoir-faire ou sur un savoir-être, opter pour un profil généraliste ou, au contraire, affiner ses spécialités... Et surtout, comment utiliser la formation pour progresser au sein de son entreprise ? Sur ce dernier point, Rémy Lesaunier, directeur de la société informatique ImpliQ estime qu'il existe « *deux grandes catégories de formation: d'une part, la formation technique, qui influe essentiellement sur le court terme et, d'autre part, la formation générale qui englobe l'évolution professionnelle et, de ce fait, a des conséquences sur le long terme. De la première découle nécessairement la seconde.* » Au vu de cette analyse, progresser sur les deux fronts paraît incontournable. « *Dans l'informatique, par exemple, la formation technique est essentielle pour se maintenir à niveau. Mais un bon informaticien, s'il souhaite progres-*

ser, doit également acquérir des compétences plus transversales: apprendre à gérer son relationnel, parce qu'un informaticien est nécessairement en contact avec des non-spécialistes avec lesquels il doit pouvoir communiquer; apprendre à manager les équipes... », poursuit Rémy Lesaunier.

Chez Cegelec, *« Les formations sont, dans la plupart des cas, bâties sur mesure et en fonction des besoins. Pour les cadres et les ingénieurs elles se concentrent sur les techniques de communication, les relations sociales et les ressources humaines. »*, explique André Dessarthe, directeur des ressources humaines. L'entreprise mise sur le «savoir-être» de ses managers. On sait maintenant que les compétences techniques ne suffisent plus à faire d'un cadre, un manager. On ne parle plus d'autorité de compétences, mais de «manager développeur», de «manager coach». À ce point d'ailleurs, que: *«À l'évidence, un cadre techniquement moyennement compétent, mais faisant preuve d'un sens aigu de la communication, aura plus de chances d'évoluer qu'un autre plus brillant, mais ne sachant pas se vendre auprès des autres. »*, assure Rémy Lesaunier. Le DRH de Cegelec, André Dessarthe, confirme: *« Bien sûr, nous continuons de rechercher des spécialistes ultra-compétents dans les activités de pointe sur lesquels nous travaillons. Mais, en même temps, nous incitons nos ingénieurs à tourner d'une région à l'autre, à croiser leurs connaissances entre unités technologiques pour les inciter à ouvrir leur esprit. »* Qu'il s'agisse d'acquérir une technique, un savoir-faire, des connaissances ou de se former au management, à la communication, etc., une formation est toujours dynamisante. Mais, l'ouverture d'esprit

> On ne parle plus d'autorité de compétences, mais de « manager développeur ».

© APEC - Éditions d'Organisation (Groupe Eyrolles)

et l'envie d'apprendre passent pour les moyens les plus sûrs de progresser: « *Certains de nos employés sont entrés chez Cegelec avec un niveau BEP. Aujourd'hui, après avoir suivi des cycles d'études de notre université interne, ils ont une équivalence Bac +2.* », explique André Dessarthe, le DRH du groupe. Toutes les entreprises, hélas, ne disposent pas de tels ressources de formation en interne.

LA VIEILLE
BONNE HISTOIRE
DE LA CIGALE
ET LA FOURMI

I l n'est pas inutile, parfois, de relire et de méditer nos vieilles fables. Telle celle de *La Cigale et la Fourmi*. *« Piloter sa carrière, consiste principalement à ne pas être pris au dépourvu. »*, rappelle Alain Boureau, de Leroy Consultants. C'est savoir prendre les devants sans attendre que la direction des ressources humaines ou le chef de service ne s'intéresse à votre devenir. *« Si l'on souhaite faire évoluer sa carrière au sein d'une même entreprise ou en changer, alors tous les types de formation sont utiles. Mais, il est vrai qu'une formation qui va au-delà de la satisfaction d'un besoin immédiat permet de mieux se comprendre soi-même et de mieux cerner les attentes de son employeur. »*, estime Rémy Lesaunier, directeur d'ImpliQ. Pour Flavie G., chef de publicité dans une agence, cela ne fait aucun doute : *« Toutes les opportunités de formation sont bonnes à prendre. »*, juge-t-elle, *« chaque savoir*

MA VIE DANS L'ENTREPRISE

supplémentaire est un atout pour l'avenir»… À un bémol près : s'il faut essayer de renforcer ses connaissances dans un grand nombre de domaine, il convient tout de même de le faire en ayant pris soin de préciser ses objectifs. D'autant qu'un certain nombre d'entreprises n'offrent ni de larges possibilités d'évolution, ni de multiples opportunités de formation. Et si, *a priori*, on peut faire confiance aux plus grandes pour savoir concocter des programmes performants à destination de leurs salariés, la taille de l'entreprise ne saurait, à elle seule, constituer une garantie : « *Certains grands groupes pour lesquels je travaille sont, en matière de formation, beaucoup plus frileux que certaines PME.* », affirme Frédéric G., consultant en formation. « *La complexité des grandes entreprises éloigne parfois les cadres des centres de décision au contraire de certaines structures, plus petites, et donc, à la réactivité plus grande.* »

LE HASARD FAIT, PARFOIS, BIEN LES CHOSES

Au-delà de la formation, reconnue par tous les professionnels des ressources humaines comme facteur d'évolution professionnelle, l'adage « Connais-toi, toi-même » constitue assurément l'axe autour duquel s'articulent tous les outils (la formation en est un) du pilotage de carrière. Notamment en ce qui concerne la maîtrise de ses ambitions. Pour autant, et les cadres qui ont déjà effectué un bilan de carrière le savent : non seulement, il serait parfaitement utopique de planifier une carrière en détail et sur le long terme, mais ce serait également faire preuve d'une grande naïveté que de faire abstraction d'un certain nombre d'événements personnels ou extérieurs susceptibles de mettre à bas les tactiques de « pilotage » les plus sophistiquées. Inversement, il faut savoir compter avec le

C'est nous qui construisons notre carrière, pas l'entreprise.

On a parfois qualifié de « mercenaires », ces salariés et cadres bien décidés à ne pas s'en laisser compter par l'entreprise et à tenir eux-mêmes les rênes de leur destinée professionnelle. Vous reconnaissez-vous dans ce qualificatif ?

Si ce terme sous-entend une capacité à conduire seul sa carrière sans ressentir le besoin de faire régulièrement le point et sans avoir peur de faire des choix, alors je suis peut-être un peu « mercenaire ». Mais, il faut nuancer, car agir en « mercenaire » signifie accepter de « parvenir à ses fins quels qu'en soient les moyens ». C'est-à-dire, agir et travailler pour soi, loin des autres, et en marge des développements de son entreprise. Dans ce cas, je ne me reconnais pas dans ce qualificatif. Dans l'entreprise, comme ailleurs, on ne peut avancer si l'on ne tient pas compte des personnes qui travaillent avec et autour de vous. On ne peut avancer en négligeant les autres, sinon, un jour où l'autre, on le paie. »

Vous prônez tout de même la mobilité ?

« Aujourd'hui, j'appartiens à une entreprise dans laquelle je me reconnais. Mais, si à un moment donné, je ne m'y reconnais plus, alors je partirais. Par ailleurs, s'il arrivait que je reçoive des offres intéressantes, je n'hésiterais pas non plus à quitter mon employeur actuel. Aujourd'hui, je suis directrice de marketing opérationnel France. Dans un an, je sais que j'aurais envie de faire autre chose, d'avoir davantage de responsabilité, d'autonomie et d'être encore plus au cœur des décisions. »

/...

MA VIE DANS L'ENTREPRISE

/...

Aviez-vous ce que l'on appelle un plan de carrière ?

«Dès le départ, je me suis fixé très clairement des objectifs professionnels. Mon objectif à terme est le pilotage d'un centre de profit. C'est le
type de poste qui m'intéresse, car il est synonyme de grande autonomie,
d'une gestion véritable des ressources humaines et financières. Mais, on
n'évolue que par étape. Ainsi, ai-je débuté comme consultante dans une
grande entreprise allemande où je suis restée quatre ans. D'abord, en
Allemagne, puis en France. J'ai, très vite, compris que je devais entreprendre des études plus «poussées», si je voulais atteindre mon objectif : j'ai donc suivi deux «troisième cycle» pour compléter ma formation
initiale en école de commerce. Le premier en Mastère d'ingénierie financière, l'autre en DESS de marketing et commercial. Considérant qu'un
passage sur le terrain est une condition nécessaire pour occuper des
postes à responsabilité, à l'issue de mes «troisième cycle», j'ai intégré
l'entreprise dans laquelle je suis actuellement «responsable grands
comptes». C'était il y a quatre ans. En janvier 2001, l'entreprise m'a
donné l'opportunité de prendre la Direction marketing opérationnelle. Je
me donne encore un an pour m'aguerrir à l'encadrement. Ensuite, je souhaite élargir mon expérience par l'encadrement d'une équipe marketing
et commerciale. Je pense et mon parcours en témoigne, que «c'est nous
qui construisons notre carrière et pas l'entreprise.»

hasard qui, parfois fait bien les choses… un peu d'opportunisme n'est pas toujours à écarter ! Nommée, dans les semaines
qui ont suivi sa formation, et beaucoup plus tôt que prévu, chef
de projet chez Sopra, une société de services en informatique,
Anne-Catherine M. aurait eu tort de refuser cette promotion
accélérée. D'autant que sa formation l'y destinait. Mais, il peut
arriver que l'on soit contraint de saisir une opportunité, sans

autre forme de préparation. Dans ce cas, une aide extérieure, aussi compétente soit-elle, ne pourra tout résoudre : *« Je m'occupe de deux jeunes cadres que leur groupe a expatriés à Londres pour diriger une importante unité. Ils n'étaient absolument pas mûrs pour assumer une telle responsabilité. Bien sûr, je les conseille sur la manière de diriger leurs équipes, c'est mon métier. Mais, ils sollicitent également mon avis sur des décisions stratégiques, ce que je suis incapable de faire ! »*, regrette la consultante Martine Jore.

QUAND ON NE CONNAÎT NI L'ENDROIT, NI L'HEURE D'ARRIVÉE

Aucune stratégie ne résiste donc à l'imprévu. Aussi, le plus affiné des plans de carrière risque-t-il de se trouver sérieusement compromis sous le coup, heureux ou malheureux, du hasard. Peut-être serait-il plus approprié de parler de « projet de carrière », concept plus souple et plus réaliste, que de « plan de carrière », plus rigide et plus difficile à respecter. D'ailleurs, constate un consultant : *« La notion de plan de carrière a disparu en même temps que les salariés ont perdu confiance dans l'entreprise ! »* Jugement un peu hâtif, sans doute. L'expérience montre que le pilotage de carrière doit intégrer cette dimension du hasard. Qu'il faut non seulement préparer les évolutions possibles, envisageables, attendues… mais aussi développer un réflexe d'adaptation, de réactivité, de prise de risque qui encourage, le moment venu, à relever des challenges dont on n'a prévu « ni l'endroit, ni l'heure d'arrivée » et encore moins l'issue. Car la seule alternative au refus de cette plongée dans l'inconnu serait alors… l'immobilisme !

À défaut de programmer ses évolutions professionnelles, Jean-Paul F., jeune ingénieur dans un groupe agroalimentaire, les anticipe autant que possible : « *Je ne sais absolument pas ce que je ferai dans dix ans. Mais j'ai, comme ça, quelques noms d'entreprise en tête, quelques expériences que j'aimerais tenter, des formations dont je me dis qu'elles me permettraient d'ici quelques années, de m'orienter vers d'autres types d'activité. Cela ne va pas plus loin pour le moment. Mais, ce n'est pas non plus abstrait. Je m'informe, je suis les mouvements de certaines entreprises, les procédés de fabrication qu'elles mettent au point... j'essaie de me mettre en position d'avoir toujours le choix.* » À l'inverse, Yves R., juriste dans un groupe bancaire, se dit « programmé » à l'avance. Il a longtemps suivi la voie qu'« on » lui avait tracée, pour finir par se laisser porter par les événements. L'un comme l'autre paraissent satisfaits de leur sort et affichent une, relative, confiance en eux. Un temps, Yves R. a tenté de reprendre le dessus. Mais, il semble décidé à s'en remettre désormais aux aléas de la vie de son entreprise.

> « Et puis, il y a eu le 11 septembre 2002... »

Élaborer un « projet de carrière », au-delà de trois à cinq ans, paraît aujourd'hui plus que difficile. « *Une formation technique m'offre environ deux années de visibilité.* », estime Anne-Catherine M., chef de projet informatique chez Sopra, pour qui l'idéal serait de donner une inflexion à sa carrière sensiblement au même terme. Mais, même raisonnables, même préparées, les prévisions en matière d'évolution professionnelle, ne sont pas toujours faciles à tenir. Vincent O., responsable de la communication et des opérations extérieures d'une grosse agence de voyages spécialisée sur la Turquie et le Moyen-Orient, l'a constaté à ses dépens. « *Au printemps 2001, « tout baignait ». Je m'entendais parfaitement avec mes patrons et il était prévu que je prenne la direction d'un nouveau secteur de l'agence consacrés aux voyages d'affaires. Et puis, il y a eu l'attentat du 11 septembre 2001. Tout s'est effondré en quelques heures ! Et, si évolution il devait encore y avoir, ce ne serait pas avant de longs mois... ».* Dès novembre de la même année, Vincent O. prend la décision de quitter son entreprise pour créer sa propre structure dans un périmètre très voisin de l'activité qu'il devait diriger. *« Ces événements sont venus bouleverser un parcours à peu près programmé. Mais, je n'aurais probablement pas eu le courage de partir pour monter la société que je suis en train de créer aujourd'hui. »,* reconnaît-il. Entre sa stratégie personnelle et les aléas de la vie, le salarié qui décide de piloter sa carrière risque donc d'être confronté à de fortes turbulences. Raison de plus pour embarquer avec les meilleures instruments de navigation possibles !

Pour une première remise en question :
- AFIJ
- les Espaces jeunes diplômés, de l'ANPE
- les sessions « Perspectives », de l'Apec

À LIRE :
- **« Intégrez la dynamique du coach dans votre vie ou comment devenir votre meilleur allié »,** par Ségolène Colonna, 2002, 180 pages, InterÉditions. 16,15 €
- **« Pilotage des compétences et de la formation »,** par Pierre Massot et Daniel Feisthammel, 2001, 204 pages, Afnor. 39,00 €
- **« Compétences et performances »,** par Claude Fluck, 2001, 182 pages, Éditions Demos. 28,81 €
- **« Savoir-être : compétence ou illusion ? »,** par A. Penso-Latouche, 2000, 182 pages, Éditions Demos. 17,53 €
- **« Valider les acquis et les compétences en entreprise »,** par Amina Barkatoolah, 2000, 163 pages, INSEP. 20,00 €

© APEC - Éditions d'Organisation (Groupe Eyrolles)

© APEC – Éditions d'Organisation (Groupe Eyrolles)

INTROSPECTION

> QU'EST-CE QU'UN BILAN PROFESSIONNEL ?

Pas de meilleur point de départ pour qui veut piloter sa carrière que le fameux «Connais-toi, toi-même». En matière de gestion de carrière, c'est de «bilan professionnel» qu'il s'agit. Mais, au juste, qu'appelle-t-on «bilan professionnel»? «Dictionnairement» parlant, et faisant référence au *Petit Robert*, un bilan est un «tableau résumé de l'inventaire ou de la comptabilité d'une entreprise». Dans la notion de «bilan professionnel», s'il est bien question de procéder à l'inventaire – et sa synthèse – de vos ressources professionnelles, il est très fortement, également, question de se projeter dans l'avenir.

Pensez futur

Un bilan est plus que la simple énumération des connaissances et des expériences professionnelles passées. Il doit ouvrir des perspectives, explorer des potentialités et, en cela, il est tourné vers l'avenir.

Réappropriez-vous vos compétences

Curieusement, lister des compétences (expériences, savoir-faire, savoir-être, traits de personnalié...), ce n'est pas seulement en dresser la liste la plus complète possible. C'est aussi et surtout, prendre ou reprendre conscience de ce que vous avez réalisé concrètement, de ce que vous savez faire. C'est retrouver des compétences que vous aviez peut-être oubliées ou qui vous semblaient si évidentes que vous n'y pensiez plus. Dans un travail de bilan professionnel, l'apport du groupe, l'effet miroir est, de ce point de vue, essentiel.

Donnez un sens à votre itinéraire

Faire un bilan, ce peut être également l'occasion de réfléchir sur sa trajectoire, s'efforcer de lui donner un sens à partir de lignes de force qui s'en dégagent.

Mettez vos ressources en relief

Pour parvenir au stade du bilan, il vous faudra dépasser celui du simple inventaire. Dans une entreprise, pour passer de l'inventaire au bilan, les services comptables vont classer les différentes rubriques, effectuer des regroupements, passer des provisions, procéder à des réévaluations, prendre en compte des produits à recevoir, des charges à payer... Vous ferez de même.

L'inventaire à plat de vos compétences terminé, il s'agira de le pondérer, de mettre en relief ce qui vous semble le plus saillant, de regrouper ce qui vous paraît moins important ou moins attrayant.

Pour chacun des items listés, vous devrez donc vous poser un certain nombre de questions : «*Ai-je aimé (faire) cela ou non ?*», «*Ai-je réussi cela ou non ?*», «*Ces connaissances, cette expé-*

© APEC - Éditions d'Organisation (Groupe Eyrolles)

rience, sont-elles récentes ou non ?», «Ce que j'ai fait (réussi) dans un contexte professionnel, puis-je le refaire dans un autre ?», «En quoi ce que je fais, tient de mes qualités propres ou est-il dû à la technicité de mon entreprise ?»...

Imaginez un processus continu

Le bilan fait le point à un moment donné. Mais aucune situation n'est figée. Le bilan est donc un point de départ. Il est tourné vers l'avenir et n'est donc jamais définitif, mais toujours à réactualiser. Prenons pour illustrer ce propos, l'exemple d'un salarié qui, pendant une partie de sa carrière professionnelle a été ingénieur technico-commercial dans une entreprise fabriquant des produits anti-corrosion.

• <u>Au cours de cette expérience, il a acquis certaines **connaissances :**</u>
   – des produits de son entreprise,
   – des supports sur lesquels ils sont appliqués,
   – de certains processus de fabrication,
   – des techniques d'application,
   – d'un marché,
   – d'un type de clientèle,
   – de méthodes de négociation,
   – de problèmes de prix, délais, conditions de paiement ou de livraison...

© APEC - Éditions d'Organisation (Groupe Eyrolles)

- Il a également acquis une **expérience** en ce qui concerne :
  - la prospection,
  - l'analyse des besoins clients,
  - la résolution de problèmes techniques,
  - des techniques de marketing, de développement, de promotion...
  - la vente,
  - la formation du personnel de clientèle.

Une fois qu'il aura inventorié ses connaissances et expériences pour cette phase de sa vie professionnelle, ce technico-commercial pourra alors se poser un certain nombre de questions. Par exemple :
  - quel est mon degré de compétences dans la connaissance des produits ?
  - ce genre de produits m'intéresse-t-il ?
  - maintenant, ces techniques ont-elles évolué ?
  - ces connaissances peuvent-elles être utilisées dans d'autres contextes ?
  - chez les clients, par exemple ?
  - qu'ai-je apporté, moi-même, dans ces produits ?
  - ai-je aimé faire de la prospection ? Y ai-je réussi ?

Faire votre bilan vous servira également à mieux vous connaître sur le plan personnel, à repérer vos points forts, **les moments marquants de votre carrière.**

À simplement répondre à ces questions : qui suis-je ? Que sais-je ? Que sais-je faire ? Les réponses à ces simples questions vous

MA VIE DANS L'ENTREPRISE

© APEC - Éditions d'Organisation (Groupe Eyrolles)

permettront, dans un deuxième temps, de répondre à un autre groupe de questions : comment je me situe par rapport à mon marché ? Que puis-je dire de moi ? Quelles sont mes possibilités ? Que puis-je faire ?

À leur tour, les réponses à ces questions vous apporteront des éléments de réponse à d'autres interrogations auxquelles vous pourrez être confronté, par exemple au cours d'un **entretien de recrutement ou d'évaluation :** en quoi vous sentez-vous compétent pour ce poste ? Que pensez-vous pouvoir nous apporter ? Quelle est votre valeur ajoutée ? Quels sont vos points forts ? Vos points faibles ?

Ne perdez jamais de vue qu'une telle démarche s'actualise, se précise en permanence, sans pouvoir jamais être totalement achevée.

Source : Méthode Déclic, Apec

Chapitre 4

OÙ L'HERBE EST VRAIMENT PLUS VERTE

Piloter, c'est se déplacer. Tant mieux, l'époque est au changement ! D'une fonction à une autre, d'une entreprise à une autre... mais pas n'importe comment, ni surtout, pour n'importe quoi. Il ne suffit pas, en effet, de préférer le mouvement à la stabilité pour que son CV soit dynamique. Et si les nouvelles générations de salariés ont tendance à afficher les entreprises par lesquelles elles sont passées comme autant des trophées de chasse, les DRH ou les professionnels de la mobilité y regardent de plus près avant de qualifier un candidat. Changer régulièrement d'entreprise, pourquoi pas ? Mais, parce qu'ailleurs, l'herbe est vraiment plus verte. Un ailleurs qui, bien souvent, existe au sein même de votre entreprise.

UN SALARIÉ MOBILE POUR UNE ENTREPRISE MOBILE

"Aujourd'hui, la stabilité professionnelle n'est plus perçue comme un atout pour une carrière. Changer régulièrement de poste, est même considéré comme normal. Mais, plus que la fréquence des changements, ce qui compte, c'est qu'ils soient le signe d'une progression. Évidemment si l'on change tous les ans, voire tous les six mois, il peut y avoir problème." Ce jugement de la consultante Martine Jore, rejoint le constat général: un CV en «mouvement» est bien le signe d'une carrière active. Pour autant, les recruteurs ou les DRH y regardent, tout de même, d'un peu plus près: «Un CV trop riche? Je cherche toujours à savoir pourquoi. Si, à chaque changement, je note un petit «mieux» au niveau du salaire, du statut, c'est plutôt positif. Changer régulièrement d'entreprise me paraît, jusqu'à 40 ou 45 ans, normal. Au-delà, on peut y voir un indice d'instabilité. Simplement parce qu'à partir d'un certain âge, les responsabilités sont

MA VIE DANS L'ENTREPRISE

telles qu'elles supposent des passages plus longs dans les postes. », explique André Dessarthe, DRH de Cegelec. Cela signifie-t-il qu'un salarié dont la carrière se serait déroulée sur un ou deux postes, se verrait soupçonné d'un manque d'ambition ? Non, car, à l'évidence, tout le monde n'est pas fait pour changer d'entreprise tous les cinq ans. Et puis, ce serait oublier que certaines fonctions, plus que d'autres, exigent plusieurs années pour être pleinement exercées. Enfin, parce qu'il n'est pas anormal de trouver du plaisir dans la stabilité.

TROUVER DU PLAISIR DANS LA STABILITÉ

« Attention aux effets de mode. », prévient, en effet, le DRH d'un grand groupe de boissons. *« Ce n'est pas parce que la tendance est à la mobilité que la notion d'expérience a perdue de son importance. Bien au contraire. »*, poursuit-il. Entre la volonté légitime d'enrichir son savoir – en multipliant les expériences professionnelles – et la nécessité d'approfondir ses connaissances, chacun doit trouver son équilibre. *« La pire des erreurs est de vouloir partir pour partir, quitter une entreprise dans l'unique but de suivre un plan de carrière prédéfini. »*, estime Martine Jore. Certes, on connaît les quelques professions, les quelques secteurs d'activité dans lesquels bouger, changer sont des obligations, voire des comportements de survie, comme l'explique Flavie G., chef de publicité dans une agence de publicité: *« Indépendamment du plaisir que je peux éprouver à travailler dans cette agence, il arrive un moment où je sais que je dois bouger. Parce que dans ce milieu, la stabilité est vraiment perçue comme une faiblesse. Si vous ne bougez pas, c'est parce que personne ne cherche vraiment à acheter vos talents, vos compétences. »* Raisonnement quasi-identique dans

Votre employeur est-il un employeur remarquable ?

«*Êtes-vous un employeur remarquable ?*», questionne, en pleine dernière page du quotidien *Le Monde*, le cabinet Hewitt ? Autrement dit : «*Appartenez-vous au cercle des entreprises sans cesse à la recherche du meilleur mix politiques/pratiques RH, dans un souci de performance et de compétitivité toujours accrues ?*» De quoi s'agit-il ? du lancement en France, du «baromètre du capital humain» Hewitt, Mediasystem qui offre «*à une sélection d'entreprises l'opportunité de s'évaluer en tant qu'employeur sur des marchés de référence et d'explorer les pratiques RH à plus fort impact*», peut-on lire sur le site du cabinet. Anonymement, gratuitement et confidentiellement, les entreprises peuvent participer à cette enquête réalisée en ligne par internet. Un jury composé d'acteurs économiques et du monde des affaires (chefs d'entreprise, universitaires, partenaires sociaux...) évaluent de manière totalement anonyme des entreprises. Une évaluation est réalisée à partir de résultats statistiques (score d'engagement des employés et score d'alignement-croisement des perspectives employés, dirigeants et professionnels des RH) et une analyse de questions ouvertes, d'informations économiques sur la performance de l'entreprise. Mais, qu'est-ce qu'un bon employeur, demanderez-vous ? «Les meilleurs employeurs développent un management des hommes qui sert à la fois l'engagement de leurs collaborateurs et la réalisation des objectifs stratégiques de l'entreprise. Ils se forgent un avantage compétitif en valorisant leur capital humain», apprend-t-on sur www.best-employers-France.com

Un tel baromètre, à défaut de dresser une liste «des employeurs remarquables» puisqu'il est anonyme, permet aux candidats, lors d'un entretien de recrutement, par exemple, de se donner quelques repères pour quelques questions avant de choisir de s'engager chez tel ou tel employeur. Et, pourquoi demander clairement à ce dernier, s'il s'est «benchmarké» au

baromètre Hewitt Mediasystem...
Ce qui caractérise ces employeurs ? Il n'existe pas de recette miracle pour devenir employeur de référence, prévient Hewitt. Mais, les enquêtes et expériences du cabinet révèlent, tout de même, certains domaines clés dans lesquels les meilleurs employeurs excellent :

• Ils démontrent, *via* les actions et les paroles des dirigeants le rôle clé et grandissant que jouent les employés dans la création de valeur pour les clients, les investisseurs et pour eux-mêmes.

• Ils génèrent et produisent une expérience professionnelle irrésistible et différenciante.

• Ils accélèrent les opportunités de développement des salariés.

• Ils construisent leur crédibilité d'employeur et créent la confiance à travers une véritable adhésion à la culture et aux valeurs de l'entreprise.

• Ils passent de la satisfaction de l'employé à son engagement, en obtenant les résultats économiques espérés.

• Ils accroissent la confiance des employés à l'aide d'actions d'écoute plus fréquentes et plus appropriées.

la plupart des sociétés de services en informatique : « *Nous devons apprendre en permanence. Un nouveau logiciel, un nouveau langage, tout est important pour ne pas se faire distancer par la technologie. Et, s'il faut changer de poste ou d'entreprise pour pouvoir le faire, alors il n'y a pas à hésiter.* », estime Anne-Catherine M., chef de projet chez Sopra, société de services informatiques. Heureusement, tous les secteurs d'activité ne sont pas aussi exigeants. L'industrie pharmaceutique, par exemple, où la mobilité, pour importante quelle soit, ne fait pas figure d'impératif. Comme l'explique Antoine B., jeune responsable produit dans un laboratoire : « *J'ai travaillé sept ans dans la même entreprise sans que cela ne me pose le moindre problème. J'y ai appris mon métier, je m'y suis formé, j'y comptabilise même quelques belles réussites. Lorsque j'ai décidé de quitter ce laboratoire pour un autre de dimension internationale, je l'ai fait non sans quelques regrets... c'est idiot à dire, mais on a toujours l'impression qu'ailleurs, c'est sûrement mieux... En fait, ce ne fut pas un bon calcul en terme de carrière. La dimension de l'entreprise remettait en cause certaines de mes habitudes (ça se prend vite) de travail. Les systèmes de progression individuelle n'étant plus du tout les mêmes. Mon équipe n'était pas aussi impliquée qu'elle pouvait l'être dans une plus petite structure. Bref, je suis certain que j'aurais développé autant de compétences nouvelles dans ma précédente entreprise... J'ai vraiment eu du mal à m'intégrer dans le groupe que j'ai rejoint. »*, avoue-t-il. *« Ce qui m'intéresse, c'est moins de compter combien de fois un candidat a changé d'entreprise que de savoir pourquoi. »*, souligne André Dessarthe. Plus qu'un effet de mode, d'autant plus incertain qu'il dépend en partie de la conjoncture économique, la mobilité est d'abord une question d'état d'esprit. Intégrer le fait que l'univers du travail a changé au cours de ces dernières années est, au moins, aussi important que de se sentir obligé de changer d'employeur régulièrement. Car, ce ne sont pas seulement les salariés qui sont devenus mobiles, mais aussi les entreprises. Dans un monde où les rachats, les fusions ou au contraire, les séparations font figure de «mouvements» quasi-quotidiens, il est courant de changer d'employeur sans même quitter son bureau. *« Lorsque mon entreprise a été vendue, quelques semaines ont suffi pour comprendre que tout allait changer. Insensiblement, les quelques nouveaux responsables, et en particulier mon hiérarchique direct, ont donné une nouvelle*

> On a toujours l'impression qu'ailleurs c'est sûrement mieux.

MA VIE DANS L'ENTREPRISE

impulsion aux équipes, leur ont fixé de nouveaux objectifs tout en modifiant les règles du jeu... Certains salariés n'ont pas supporté ces nouvelles orientations et sont partis. D'autres, comme moi, ont choisi de s'adapter, ou de se battre.», raconte Anne-Catherine M., chef de projet dans une société de services informatiques. Mais, il n'y a pas que les «changements de propriétaire» qui peuvent contraindre les entreprises à la mobilité. Face à des marchés de plus en plus fluctuants, ces dernières doivent sans cesse faire preuve de plus de réactivité : supprimer des activités, en développer de nouvelles, créer de nouveaux produits, produire plus rapidement à moindre coût, externaliser... s'adapter en modifiant le stratégies ou les priorités. Autant de défis – autant d'opportunités aussi – pour l'entreprise comme pour le salarié. Car, s'ils sont parfois synonymes de compression d'effectifs, ces mouvements sont aussi, et dans le même temps, pourvoyeurs d'opportunités en interne pour les salariés. À condition, bien sûr, que ces derniers soient capables de se positionner en termes de compétences, sur les développements futurs de l'entreprise. Ce qui suppose à la fois d'avoir su éviter que ses compétences ne soient menacées d'obsolescence (ces mouvements d'entreprise sont toujours des accélérateurs de temps) et de s'être toujours tenu informé des mutations en cours dans son environnement professionnel, afin de pouvoir pressentir ce que pourraient être les nouvelles orientations de son entreprise. Un véritable travail sur soi, ses compétences, son milieu professionnel !

> Il est courant de changer d'employeur sans même quitter son bureau.

BOUGE-T-ON PLUS DANS LES GRANDES ENTREPRISES ?

"Dans bien des cas, évoluer à l'intérieur d'un même groupe est plus «rentable». Aussi bien en terme de revenus, qu'en terme de responsabilités.", souligne la consultante Martine Jore. Qui sait se vendre à l'intérieur de sa propre entreprise a, en effet, beaucoup à y gagner! D'autant que la réussite d'une mobilité interne constitue un «plus» indiscutable pour d'ultérieures évolutions externes. À l'évidence cependant, les salariés ne sont pas égaux devant le choix de la mobilité. En principe, plus l'entreprise est importante, plus elle offre d'opportunités de mobilité. Dans les faits, la situation est plus confuse. Et derrière les promesses qui fleurissent lors des campagnes de recrutement ou les chartes placardées sur les tableaux de services, les langues se délient: *«Les grands groupes, j'en suis revenu.»*, affirme Bernard B. À chaque fois qu'il a voulu changer de poste, ce cadre de 49 ans qui a effectué une partie de sa carrière dans un grand

© APEC - Éditions d'Organisation (Groupe Eyrolles)

MA VIE DANS L'ENTREPRISE

groupe informatique français, s'est heurté aux mêmes blocages de sa hiérarchie. *« C'est comme si je dérangeais, comme si je remettais les gens en cause. Il ne fallait pas faire de vagues... »* Un avis que partage François M., un ingénieur de 40 ans : *« Si l'on n'est pas identifié comme haut potentiel, on peut toujours s'accrocher pour se faire repérer par son supérieur. »*

Mais pour d'autres, à l'instar de Jacques F., 43 ans, cadre supérieur chez un grand du BTP et qui n'a jamais changé d'employeur depuis sa sortie de l'école d'ingénieur, seuls les grands groupes offrent suffisamment de possibilités d'évolution pour qu'il soit envisageable d'y effectuer – aujourd'hui encore – une bonne partie de sa carrière tout en enrichissant son expérience : *« J'ai travaillé dans une dizaine de filiales différentes. J'y ai même exercé des fonctions de communication. J'ai également effectué de longues missions à l'étranger. Tous ces changements ont fait que je n'ai pas vraiment eu envie d'aller voir ailleurs si l'herbe était plus verte. Et, pour le coup, je n'ai pas du tout l'impression d'avoir passé toute ma carrière dans la même entreprise. »*, juge-t-il.

EN MATIÈRE DE MOBILITÉ, LES PME NE SONT PAS EN RESTE

Si, en matière de mobilité, les PME ne sont pas en reste, elles offrent, cependant, moins d'opportunités que les grands groupes. En revanche, il peut être plus aisé pour un salarié de s'y faire repérer et donc d'évoluer. Entrée comme graphiste stagiaire dans une société de multimédia comptant une dizaine de salariés, Géraldine H. est aujourd'hui numéro 2 « bis » de l'entreprise. Elle dirige tous les projets qui ne concernent pas Internet : *« Je pense seulement avoir pris les bonnes initiatives au bon moment. Et le fait d'être peu nombreux a joué en ma*

Fusions : moral relativement bon...

Selon un sondage Ipsos, publié par *L'Usine Nouvelle* en juin 2000, 43 % des cadres européens pensent qu'ils «auraient une réaction de confiance à l'annonce d'une fusion». Une relative absence d'inquiétude semble liée à l'expérience : près de la moitié des cadres interrogés ont déjà connu une fusion ou un rachat (25 % une fois et 28 % plusieurs fois) et, parmi eux, les deux tiers déclarent «*n'avoir pas vécu de période d'incertitude*». Quant à la pérennité de leur poste, à leurs responsabilités, aux objectifs fixés et aux moyens dont ils disposaient. Pour 43 % d'entre eux, la fusion n'a strictement rien changé. Mieux, 44 % ont obtenu à cette occasion plus de responsabilité.

faveur : le patron vous repère très rapidement. », affirme la jeune femme. Des propos confirmés par le dirigeant de la société qui explique avoir testé d'autres salariés sur les postes finalement occupés par Géraldine : *« Elle a su montrer, dans chaque situation, les meilleures capacités d'adaptation. Sans être à l'abri de l'erreur, elle s'enrichissait visiblement au fur et à mesure qu'elle prenait des responsabilités. »* Sans compter que pour un dirigeant d'une petite structure, *« faire évoluer les bons éléments, est aussi un moyen de les dissuader d'aller voir la concurrence. »*, poursuit-il.

La fidélisation est un souci partagé par toutes les entreprises grandes ou petites, en général très averties – comme leurs salariés – de ce qui se pratique en matière de mobilité chez le ou les concurrents : *« Tenir compte de la concurrence pour en tirer un profit personnel, est un indicateur précieux pour qui veut faire évoluer sa carrière dans l'entreprise. »*, note un consultant. Côté salarié, pourquoi ne pas jouer le même jeu ? *« Pour*

MA VIE DANS L'ENTREPRISE

appuyer ma demande de formation sur un nouvel outil, le fait de laisser entendre que je pourrais l'obtenir dans une autre société a toujours été très efficace. », affirme Fabrice D., ingénieur informatique dans une société de services. « *Mais attention, ces «petites négociations» ne seront possibles que si la conjoncture économique le permet.* », précise un spécialiste du recrutement.

« *En période d'incertitude, comme ce fut le cas au deuxième semestre 2001, la marge de manœuvre est moins grande.* », prévient-il.

LES AVANTAGES DE LA MOBILITÉ INTERNE

ombien sommes-nous à lier mobilité et changement d'entreprise ? Pourtant, c'est d'abord de changement de poste, de fonction, voire d'établissement au sein de sa propre entreprise, dont il est question lorsque l'on évoque la mobilité. Être mobile, c'est d'abord savoir saisir les opportunités de développement à l'intérieur de sa propre entreprise. Et ces mouvements en interne, outre le fait qu'ils vous préparent à d'éventuels changements d'entreprise, sont, comme le confirme annuellement l'enquête annuelle Cadroscope de l'Apec, les plus avantageux : selon Cadroscope, 83 % des cadres qui restent dans la même entreprise voient leurs responsabilités élargies contre 77 % de ceux qui en changent. Même chose pour la promotion (68 % en cas de mobilité interne, 57 % pour l'externe) et la formation (26 % contre 15 %). En termes de rémunération, en revanche, l'équivalence est de mise. Les deux types de mobilité (interne et externe) s'accompagnent 7 fois sur 10 d'une augmentation de salaire et 4 fois sur 10 d'une progression de la part variable. Seule excep-

MA VIE DANS L'ENTREPRISE

tion : démissionner pour un autre poste : 78 % des démission-naires voient leur rémunération augmenter et 43 % leur part variable croître.

Mais attention, ce n'est pas parce que l'on joue en territoire connu que l'on gagne à tous les coups. *« La plupart des entreprises ont tout à gagner à encourager la mobilité interne. Mais le salarié, lui, ne doit se porter candidat sur une offre que s'il est sûr d'avoir un maximum de chances pour transformer l'essai. Car, dans le cas contraire, outre le fait d'avoir essuyé un échec, il lui faudra réintégrer l'équipe et la fonction qu'il a souhaité quitter. Sans compter que le hiérarchique qu'il a fallu convaincre du bien-fondé de cette candidature interne, en prend également pour son grade ! »*, affirme sans ambages un DRH.

ON PEUT AUSSI CHANGER DANS SON ENTREPRISE

À vrai dire, il n'existe guère de différence entre un change-ment de poste en interne et un changement d'entreprise. Et certains grands groupes sont si complexes, que la frontière entre mobilité interne et externe finit même par s'estomper. Il convient donc de prendre le même type de précaution pour l'une comme pour l'autre. Cadre dans un groupe bancaire, Valérie D., spécialiste des crédits aux professionnels, a plu-sieurs fois changé de filiale. *« Dans certains cas, je n'ai pas vraiment eu le choix, puisqu'il s'agissait de regroupements administratifs. Dans d'autres, c'est moi qui ai souhaité évoluer. Mais à chaque fois, c'était exactement comme si je changeais d'entreprise. Un nouveau lieu de travail, de nouveaux collabo-rateurs... en fait, même sans jamais quitter votre entreprise, vous devez vous remettre en cause à chaque changement.*

Mobilité interne : la DRH à la traîne ?

On savait que les salariés souhaitant faire évoluer leur carrière ont davantage recours à la mobilité interne qu'externe. En revanche, on découvre avec l'Observatoire Apec, que les DRH sont moins impliqués que la hiérarchie de proximité dans les mécanismes de mobilité interne : 67 % des projets de mobilité impulsés par l'entreprise l'ont été par l'intermédiaire de la hiérarchie directe contre 11 % par la DRH. Lorsque l'initiative de mobilité émane du salarié, il s'informe en priorité auprès de son supérieur dans 52 % des cas et auprès de ses collègues dans 46 % des cas. Les publications de postes vacants émanant du service RH n'ont été consultées que par 37 % des candidats à la mobilité. La gestion des compétences au quotidien semble bien appartenir au responsable direct et échapper peu à peu à la DRH. Cette dernière serait à la traîne, validant des choix plus que les initiant. D'ailleurs, 93 % des cadres, ayant émis le souhait d'évoluer dans l'entreprise, en ont fait part, de façon informelle, à leur supérieur direct contre 38 % qui disent avoir abordé le sujet lors de l'entretien annuel d'évaluation. Faut-il y voir le signe d'un dysfonctionnement ou la confirmation que la hiérarchie de proximité reste un lieu de pouvoir et un vrai moteur de reconnaissance ?, questionne l'Apec.

Même si le nom de la société qui vous emploie reste le même sur votre bulletin de salaire. », explique-t-elle. Un sentiment que partagent les cadres travaillant dans les sociétés de services informatiques. *« L'avantage de notre activité, c'est que nous sommes amenés à changer régulièrement de client. Comme la durée moyenne de mes missions est de trois ou quatre ans, il existe une sorte de mobilité naturelle... »*, explique François de M., ingénieur informatique.

MA VIE DANS L'ENTREPRISE

BOUGER, C'EST FAIRE CIRCULER LE SAVOIR

Se remettre en cause, convaincre de nouveaux collaborateurs, de nouveaux partenaires, refaire ses preuves sur la base de nouveaux résultats, c'est à ce prix que la mobilité sera payante, enrichissante, réussie. Car, on peut aussi être mobile, malgré soi. Au gré des restructurations d'équipe, du départ à la retraite de ses hiérarchiques, de recrutements nouveaux... Et ne jamais rien gagner ni en termes expérience, ni en termes de salaire. Au point qu'il pourrait devenir profitable de préférer le changement d'entreprise à une mobilité « subie » en interne. Certains changements professionnels effectués au sein d'un même groupe ne permettent d'ailleurs pas de déceler les mobiles et les bénéfices de chacune des évolutions : *« Un salarié qui, au sein d'un même groupe, aura changé très souvent de poste sans jamais qu'une progression de carrière apparaisse clairement, pourra passer pour plus instable, moins fiable, moins maître de sa carrière que celui qui change d'entreprise tous les deux ans. »*, estime un chasseur de tête. Un avis que relativiserait, peut-être, André Dessarthe, DRH de Cegelec : *« Il faut que les gens bougent pour apprendre au contact des autres. Bouger, c'est transmettre et faire circuler le savoir »*...

Stabilité et fidélité ne sont donc pas des valeurs à la baisse. Du moins, les choses ne sont-elles pas aussi simples que cela. Ne devrait-on pas dire qu'il convient plutôt d'être stable et... mobile ? Autrement dit, savoir bouger à bon escient. Ce qui n'est pas si aisé qu'il y paraît, car un changement, interne ou en externe, ne se fait jamais sans une certaine part de risque. Au cours de sa courte, mais déjà riche carrière, Flavie G., chef de publicité dans une agence de publicité avoue s'être ainsi trompée une fois. *« J'ai rejoint une agence qui venait d'être créée. C'était une toute petite structure. Mais, elle était adossée à un grand groupe. Sur le papier, tout était parfait. Le seul problème, c'est qu'à peine arrivée, les deux associés se sont fâchés et l'un d'entre eux est parti. Manque de chance pour moi, c'était celui qui m'avait fait venir. Automatiquement, je fus classée par celui qui restait aux commandes, comme appartenant au clan ennemi. La situation est rapidement devenue invivable et j'ai démissionné au bout d'un mois. À chaque fois que je présente mon curriculum vitae, on me demande d'expliquer cette aventure sans lendemain. »*, poursuit Flavie.

Ce type d'accident, plus acceptable dans les trente premières années de sa vie, peut s'avérer beaucoup plus handicapant par la suite. *« Avant 40 ans, on est plus indulgent. Après, chaque ligne du CV est regardée à la loupe. »*, estime Francis P., devenu directeur de produit chez Arcelor (ex-Usinor) après une carrière rectiligne dans l'industrie. De constructeurs en fournisseurs, le parcours de Francis P. s'est déroulé, selon ses propres dires *« sans anicroches »*. Si, à 48 ans, il ne s'est pas lassé de cette succession de fonctions, il sait aussi que les évolutions futures seront plus délicates : *« Au fur et à mesure de ces progressions, j'ai exercé des responsabilités chaque fois plus importantes. Aujourd'hui, le changement ne m'est pas encore interdit, mais il doit être justifié par une expérience de plus en plus longue et de plus en plus réussie dans le poste précédent. »*

INTERNATIONAL
ET... WORLD
COMPANY

A lors que les frontières de l'Europe tombent toujours un peu plus, élargir son champ d'action professionnelle au-delà de sa ville, de son pays, ne devrait plus être une utopie. Pourtant, la mobilité européenne, voire régionale, reste marginale. *« L'étranger n'est pas une tentation forte, sauf pour les jeunes. Et encore... »*, tempère Alain Boureau, consultant chez Leroy Consultants. *« Il existe une importante mobilité au sein du groupe Cegelec. Pour le moment, elle s'effectue majoritairement à l'intérieur du territoire français, mais progressivement nous incitons les ingénieurs à passer d'un pays à l'autre. »*, fait remarquer André Dessarthe, DRH. Il arrive même qu'il soit difficile, dans certains groupes très tournés vers l'international, de refuser une mobilité: *« Tout dépend de votre niveau dans la hiérarchie de l'entreprise... mais à partir d'un certain stade, il est difficile de refuser des responsabilités dans une autre région, voire un autre pays. »*, assure Gilles R., cadre supérieur dans un groupe chimique.

Mais, il arrive aussi que l'on soit obligé de s'internationaliser sans quitter son pays d'origine. Et parfois malgré soi: « *On n'a pas le choix. Parce que si ce n'est pas vous qui partez à l'étranger, c'est votre société qui peut devenir étrangère à la suite d'un rachat, par exemple.* », souligne Emmanuelle A., directrice du marketing opérationnel d'un groupe cosmétique dans lequel, nombre de réunions se font désormais en anglais. La modernisation ou la mondialisation de l'entreprise n'ont pas pour unique conséquence de multiplier le nombre des déplacements hors des frontières ou de dynamiser l'apprentissage des langues étrangères. Ces phénomènes induisent également des changements profonds, non seulement dans le fonctionnement interne des entreprises, mais aussi dans la mentalité de leurs salariés qui *« se sont aperçus que l'entreprise appartenait d'abord à des actionnaires soucieux de leurs propres intérêts. »*, analyse Alain Boureau.

"MOI, J'AI FAIT LE PARI DE RESTER."

La dépersonnalisation de l'entreprise, devenue un élément d'actif pour des groupes mondiaux, modifie, en effet, l'état d'esprit de son personnel. Pour Marie-José R., tout a changé en 2000, lorsque l'entreprise dont elle est salariée et qui appartenait à la famille du fondateur, est passée sous la coupe d'un groupe américain. « *Les rapports hiérarchiques, la manière de travailler, l'ambiance... tout s'est transformé en quelques mois, se souvient-elle. Aujourd'hui, j'ai vraiment ce sentiment d'avoir changé d'entreprise sans l'avoir moi-même décidé, souhaité, sans avoir démissionné! Un certain nombre de mes collègues ont préféré quitter cette entreprise qu'ils ne reconnaissaient plus. Moi, j'ai fait le pari de rester parce que j'étais certaine que le fait d'appartenir désormais à un groupe de taille internationale allait m'offrir des perspectives plus larges.* », ana-

MA VIE DANS L'ENTREPRISE

lyse-t-elle. Dix-huit mois plus tard, si elle ne regrette pas sa décision, Marie-José reconnaît que les possibilités d'évolution à l'intérieur du groupe, sont plus restreintes qu'elle ne l'espérait : « *Le groupe cherche davantage à développer les synergies entre ses différentes entités qu'à favoriser la mobilité.* », constate-t-elle. Impactées par l'ouverture au reste du monde, mais aussi par le développement des technologies, les méthodes de management changent. La capacité des salariés à travailler en équipe, à animer des groupes projets, devient déterminante d'une évolution de carrière positive. Des compétences que Marie-José se félicite de pouvoir acquérir et enrichir : « *D'une mission à l'autre, je travaille avec des gens différents, selon qu'il s'agisse d'une opération interne à la société ou d'une opération menée avec l'une ou l'autre des filiales.* », remarque-t-elle.

> Le leader d'une équipe devient subordonné dans un autre contexte.

La recomposition soudaine des équipes, l'apparition de nouvelles méthodes de management, les nouvelles organisations de travail, les changements de hiérarchie, la progression du niveau de responsabilité, mais aussi des objectifs fixés… autant de contextes différents qui ne vous installent plus définitivement dans un seul statut. Sans compter que, comme l'explique la consultante Martine Jore : « *D'un jour à l'autre, les rapports de pouvoir changent. Le leader d'une équipe devient subordonné dans un autre contexte.* » Déstabilisant pour tous ceux qui travaillent dans ces structures complexes et doivent régulièrement reconsidérer leur environnement de travail. D'autant que, comme le rappelle Martine Jore, que « *les salariés ont besoin de se sentir reconnus.* » Souhait légitime qui, à l'heure de la « World Company », paraît cependant bien difficile à exaucer.

Mobilité européenne : encore quelques années !

Selon un sondage *Le Monde – France Info*, réalisé par Ipsos dans sept pays d'Europe, auprès de diplômés de l'enseignement supérieur disposant d'un à cinq ans d'expérience, 65 % des jeunes attendent en priorité de leur entreprise qu'elle leur offre « *la possibilité de se réaliser* » et que « *le travail avec les collaborateurs et supérieurs hiérarchiques* » soit « *enrichissant* ». Plus de la moitié (52 %) estime aussi que le plus grand risque, qu'ils courent dans leur carrière, est la « *stagnation* », sachant que 44 % jugent qu'il suffit de deux ans pour « *profiter pleinement des premières expériences en entreprise* », un sentiment encore plus présent chez les Français et les Allemands, précise le quotidien. L'intérêt d'une telle enquête est son champ d'investigation. Elle confirme, au niveau européen, les tendances déjà constatées. Ce qui fait dire à un consultant que « *les générations qui arrivent, aujourd'hui sur le marché du travail, ne limiteront pas leur mobilité à l'intérieur des frontières* », même si ce mouvement ne sera vraiment conséquent avant quelques années. Un consultant indépendant, souligne ainsi les difficultés rencontrées par l'un de ses clients, détaché à Londres par sa maison mère. « *C'est un cadre de haut niveau, jeune, mais très doué. Or, dans son nouveau poste, il a perdu une grande partie de sa confiance. Non pas à cause de la langue, mais parce que ses repères relationnels étaient brouillés. Il sentait qu'il risquait d'échouer pour cette raison.* » Par ailleurs, la mobilité, dès lors qu'elle est géographique, implique naturellement des changements importants dans la vie familiale. Sans même parler d'expatriation, le simple départ en région pour un parisien, peut mettre en péril bien des équilibres au sein de la famille.

Attention enfin « *à ce que le départ vers d'autres horizons ne soit pas une fuite déguisée* », prévient un spécialiste en gestion de carrière. On le verra plus loin, le départ, quand il s'agit d'une démission, doit être géré avec délicatesse. Il en est de même pour un changement géographique de lieu de travail, y compris à l'intérieur d'une même entreprise. De même que l'on quitte son entreprise pour fuir un problème sans le résoudre, on peut quitter son lieu de résidence en croyant résoudre ses problèmes. Mais, il ne suffit pas de changer de lieu pour changer de vie professionnelle. Pire, tous les spécialistes le confirment : *« La plupart du temps, non seulement le problème réapparaît, mais il s'est aggravé entre temps. »* Et dans le cas d'une mobilité géographique, les conséquences d'un échec sont encore plus graves parce qu'elles concernent la sphère familiale. Mais ne rêvons pas, la mobilité internationale progresse moins vite que la mondialisation ou que la construction de l'Europe. Et même si les modalités d'installation se sont améliorées pour les citoyens de l'Union européenne, moins de 2 % des habitants des Quinze vivent ou travaillent dans un autre pays. Nous sommes encore loin de la mobilité à l'américaine ! *« Dire, Outre-Atlantique, que l'on est ami avec Untel depuis vingt ans paraît irréel. On bouge tellement là-bas que l'on est amené à se connaître vite et à se perdre de vue encore plus rapidement. Là-bas, on n'a que des amis récents ! »*, constate Daniel A. qui a passé de nombreuses années aux États-Unis.

Conséquence d'un anonymat croissant, certains salariés de très grandes entreprises tendent donc à couper les liens affectifs avec l'employeur. Puisque ce dernier n'est que le représentant de lointains et anonymes actionnaires, à quoi bon défendre ses couleurs ? Le détermination à mener sa carrière d'abord pour soi, n'en est que renforcé. *« Je ne sais même pas qui est le patron de mon entreprise. »*, ironise Jean-Marc H., jeune cadre dans un groupe bancaire. Non que le jeune homme se désintéresse totalement de la vie de son entreprise, mais *« les changements sont si fréquents qu'il est difficile de savoir qui tire, du moins à notre niveau, les ficelles. Et, je ne suis pas sûr que ce soit plus*

facile pour la hiérarchie dont je dépends directement. »,
regrette-t-il. Difficile dans ces conditions de posséder tous les
tableaux de bord nécessaires au pilotage de sa carrière.
« *Construire un plan de carrière revient parfois à tirer des plans
sur la comète. Toute prévision d'évolution professionnelle
devient hasardeuse...* », assure François P. qui a quitté une
petite entreprise de sous-traitance mécanique pour entrer chez
un constructeur automobile européen. « *Lorsqu'on entre dans
une PME, on craint d'en faire très rapidement le tour. Une fois
entré dans un grand groupe, on réalise que les opportunités de
carrière ne sont pas pour tout le monde. Que les choix stratégiques ne sont pas toujours expliqués à l'ensemble des salariés
ou, du moins, ils ne sont pas toujours très clairs. Parfois même,
nos hiérarchiques les plus directs ne semblent pas posséder tous
les éléments qui pourraient nous guider. Comment, dans de
telles conditions, détecter les opportunités avant qu'elles ne
soient officialisées ? C'est-à-dire avant que les candidatures ne
s'accumulent et que la concurrence s'intensifie ? Comment surtout se positionner sur des activités, des projets nouveaux ? Très
vite la sensation de perdre la ligne d'horizon plane au-dessus de
votre tête !* », admet François P. Une impression que partage
Marie-José R. : « *Lorsque l'entreprise était encore une structure
familiale, il était possible d'y rencontrer le P-dg. Aujourd'hui,
l'organisation est peut-être plus rationnelle, mais elle n'a plus
de personnalité. Un jour, par exemple, vous apprenez que vous
dépendez de l'unité de Francfort, parce qu'un comité stratégique en a décidé ainsi. C'est parfois difficile à comprendre.
Autant je pouvais me sentir liée à mon entreprise il y a encore
deux ans, autant aujourd'hui, je la quitterai sans avoir l'impression de trahir qui que ce soit.* », avoue-t-elle tout en précisant : « *Mais, je ne la quitterai pas parce qu'elle a été rachetée*

par un groupe américain. Je partirai parce que les missions que l'on me confie ne correspondent plus à mes attentes.»

LA CONSTITUTION DE MULTINATIONALES ACCROÎT LES MOUVEMENTS DE SALARIÉS

Difficile à vivre pour des salariés qui doivent constamment redéfinir leurs marques et, souvent, craindre pour leur devenir, la constitution de ces multinationales accroît les mouvements de salariés. Selon le supplément économique du *Monde* du 22 janvier 2002, on observe une forte augmentation des transferts à l'intérieur des groupes. Ainsi, selon le quotidien, *«En 2001, Bouygues a enregistré 5 000 mutations entre ses filiales, pour un effectif global de 120 000 salariés»*, mouvements qui concernent principalement les ingénieurs et les cadres. Même constat au sein du groupe Thalès qui voit un millier de ses effectifs changer de poste chaque année, tandis que chez le géant de la communication Vivendi Universal, *«40 % des postes d'ingénieurs, de cadres et techniciens sont pourvus en interne».*

LES VICTIMES
DU MIROIR
AUX ALOUETTES

"Que les salariés profitent de la multiplication des opportunités de carrière offertes par les grands groupes!"*, s'exclame un consultant qui semble redécouvrir les avantages – et la possibilité – de faire carrière dans une même entreprise. Comme Jean-Marc H., qui n'a jamais songé à quitter le groupe bancaire qui l'emploie actuellement: *«J'ai intégré le groupe, il y a une dizaine d'années, comme employé. À l'époque, je possédais quelques connaissances en informatique qui me donnaient un petit plus par rapport à nombre de mes collègues. De fil en aiguille, en saisissant certaines des possibilités d'évolution que me procurait le groupe, j'ai grimpé dans la hiérarchie. À chaque changement, c'était exactement comme si je passais d'une entreprise à une autre avec, en plus, le confort de ne pas changer d'employeur. »*, explique-t-il. Même raisonnement chez Patrick K., ingénieur de formation et cadre supérieur dans un groupe pétrolier: *«Sans avoir jamais changé d'employeur – ce qui n'est pas le cas de ce dernier qui a beaucoup changé d'actionnaires – j'ai dû*

© APEC - Éditions d'Organisation (Groupe Eyrolles)

MA VIE DANS L'ENTREPRISE

passer un bon tiers de ma carrière à l'étranger. », remarque-t-il et insistant sur le fait que, pour autant, chacune de ces évolutions ne fut pas marquée par une progression hiérarchique. « *J'ai, par exemple, accepté des postes parce que leur localisation me séduisait, même s'ils ne me procuraient pas un gain substantiel en terme de salaire ou de responsabilités. Je suis intimement persuadé que chaque changement, chaque commencement, est un événement positif. Vous apprenez tout le temps.* » Marie-José R., elle, est nettement moins enthousiaste : « *Compte tenu des espoirs qu'avait fait naître notre rachat par un groupe international, je suis un peu déçue. Peut être est-ce parce que nous sommes parmi les derniers à avoir été intégrés, mais les passerelles d'une entité à l'autre sont relativement limitées.* », constate-t-elle, rejoignant ainsi la catégorie des « *victimes du miroir aux alouettes* », comme les qualifie Thierry G., 35 ans.

Les plus mobiles seraient-ils ceux que l'on se refile comme des patates chaudes ?

Même s'il se garde bien de généraliser son expérience (cela fait maintenant trois ans qu'on « lui promet » un poste de responsable des achats au sein d'un groupe européen de prêt-à-porter), Thierry G. regrette l'attitude de « *certaines grandes entreprises qui communiquent à tour de bras, notamment lors des grandes campagnes de recrutement, sur les nombreuses passerelles qu'elles offrent à leurs salariés, compte tenu de la diversité de leurs activités. Lorsque l'on est candidat, c'est là-dessus que l'on mise lorsque l'on choisit le grand groupe plutôt que la petite structure. Dans les faits, c'est toujours beaucoup plus compliqué : d'abord, vous n'êtes pas informé systématiquement des opportunités. Ce qui signifie que vous devez être constamment à l'affût de l'info et donc, disposer de temps et de bons*

Ariane Labadens, corporate communications manager

Chez Schlumberger, le "career center" dynamise la gestion des carrières.

«Au milieu des années 90, Schlumberger a mis au point une nouvelle politique des ressources humaines. Il devenait impératif pour le Groupe de développer une gestion des compétences, plus dynamique et qui pourrait se définir comme un facilitateur de carrière pour le personnel et les collaborateurs du Groupe, d'où le "career center". Nous avons décidé de créer cet outil sur l'Intranet pour enrichir la communication et permettre à chaque salarié du Groupe, de disposer d'informations sur les métiers et les activités de Schlumberger, mais aussi de découvrir les opportunités de carrière.

Mais, le «career center» ne fonctionne pas à sens unique : il permet également à nos salariés de faire part de leurs souhaits en matière d'évolution de carrière. À cet effet, ils peuvent remplir une rubrique qui leur est destinée. Bien sûr, seuls les managers et la DRH prennent connaissance de leurs souhaits. Les collaborateurs peuvent aussi nous signaler certaines considérations plus personnelles qui pourraient encourager leur évolution de carrière. Par exemple, une disponibilité en matière de mobilité ou, au contraire, les raisons d'une impossibilité pendant une période donnée. Cette approche permet aux collaborateurs de Schlumberger d'être plus moteurs dans l'évolution de leur carrière. Le "career center" a été très bien accueilli par l'ensemble des collaborateurs du Groupe. Pour preuve, Il reçoit aujourd'hui plus de 20 000 visites par mois.»

MA VIE DANS L'ENTREPRISE

© APEC - Éditions d'Organisation (Groupe Eyrolles)

réseaux. Quand, ensuite, le poste est publié en interne, la description des missions et du profil est si précise qu'on pourrait se demander si les jeux ne sont pas faits à l'avance. Enfin, il peut arriver que votre hiérarchique direct vous mette des bâtons dans les roues. Simplement parce qu'il ne souhaite pas vous laisser partir: il sait qu'il devra vous remplacer, il sait même que votre départ risque d'entraîner la suppression de votre poste... Bref, on pourrait se demander si les plus mobiles ne sont pas ceux que l'on se refile comme des... patates chaudes!» Une amertume que s'empresse de tempérer Jean-Louis P., DRH chez un grand imprimeur (il s'interroge même sur ce que signifie «promettre un poste à quelqu'un» pour reprendre l'expression de Thierry G.): *«Certes, la mobilité interne n'est pas toujours simple. S'il arrive effectivement que des salariés se sentent écartés de certaines opportunités, combien d'autres ne répondent jamais à l'appel, lorsque leur hiérarchique ou la DRH les invite à bouger. Le changement a toujours été ce qu'il y a de plus difficile à entreprendre, à mettre en place... Par ailleurs, une grande entreprise qui communiquerait largement sur les opportunités de carrières qu'elle n'offrirait pas dans la réalité, serait bien vite prise à son propre piège. Le bouche à oreille fonctionne remarquablement entre salariés, entre candidats. Et si l'entreprise en question a mauvaise presse en matière de mobilité, voire de gestion de carrière, les jeunes diplômés qui, aujourd'hui, sont beaucoup plus avertis que leurs aînés, en tiendront compte dans leurs choix!»* Il ne faudrait pas non plus s'imaginer qu'il est du devoir de votre entreprise de vous «promettre des postes». En matière de mobilité, on rencontre deux cas de figure, comme le résume Christian Dupont, direc-

> Le bouche à oreille fonctionne bien entre les candidats.

teur des opérations de Mix RH[1]: *«Soit la mobilité répond à une réelle volonté stratégique, nécessitant la mise en place d'une lourde infrastructure, soit elle reste du domaine de l'incantatoire.»* Certains groupes allant jusqu'à dire, par la voix de leur DRH, que *«la mobilité, c'est l'affaire de chacun et qu'il peut être du souhait de l'entreprise qu'il en soit ainsi.»* Alors, côté salarié, cela signifie que celui ou celle qui veut rester maître de ses évolutions, devra faire preuve d'anticipation, de patience et d'acharnement!

À LIRE:

- **«Du désir au plaisir de changer»**, par Françoise Kourilsky-Belliard, 1999, 344 pages, Éditions Dunod. 26,00 €
- **«Les territoires de la mobilité»**, par Michel Bonnet, 2000, 224 pages, PUF. 18,29 €
- **«Mobilité internationale»**, par Éric Delon, 2000, 144 pages, Éditions Liaisons. 16,77 €
- **«Travailler en Europe: mobilité, recrutement, culture»**, par Maude Tixier, 1995, 384 pages, Éditions Liaisons. 44,21 €
- **«L'expatriation»**, par Jean-Luc Cerdin, 2001, 320 pages, Éditions d'Organisation. 32,00 €
- **«La stratégie du mouvement»**, par Hélène Burzlaff et Jean-Pierre le Padellec, 2001, 154 pages, Éditions Liaisons. 22,50 €

---

(1) Source: in Courrier Cadres.

MA VIE DANS L'ENTREPRISE

ÊTRE JEUNE...
PLUS
LONGTEMPS

Bien que l'espérance de vie professionnelle s'allonge, que les seniors soient plus sollicités qu'ils ne l'ont été, certains réflexes perdurent. Et les DRH pardonnent moins les errements, passé un certain âge, disons 45 ans. Mieux: une fois entré dans la catégorie des seniors, la bougeotte devient suspecte. D'une part, parce que les directions des ressources humaines considèrent qu'un quadra qui a su mener sa carrière doit exercer des fonctions de management – qu'il n'atteindra que très difficilement, dans le cas contraire. D'autre part, parce que les candidats à la mobilité – géographique, notamment – se font moins nombreux dans cette deuxième partie de la vie professionnelle. *« Passé 40 ans, l'envie de bouger est moins forte. Tout simplement parce que la famille prend une importance plus grande, parce que l'on "s'installe" dans la vie. »*, explique Alain Boureau, consultant chez Leroy Consultants.

Pour autant, la mobilité n'est pas interdite aux quadras. Pas plus qu'à leurs aînés. L'époque ne milite-t-elle pas en faveur du retour sur la scène des seniors et de leur expérience ? Dans un article du quotidien *Le Monde*[1], Laure Belot souligne que «dans une dizaine d'années, toutes les entreprises vont devoir faire face à la conjonction inédite de trois facteurs : le départ à la retraite des «baby-boomers» – cette classe d'âge née du boom démographique de l'après-guerre –, la quasi-absence de recrutement pendant la période de crise des années 1990 et la faible natalité dans les pays développés». Un phénomène, encore sous-estimé, et qui représente une chance sans précédent pour les classes d'âge les plus élevées. *« Nous allons nous trouver face à des gens qui, approchant de ce qui est encore aujourd'hui l'âge de la retraite, vont devoir rester actifs dans l'entreprise pendant quelques années supplémentaires. Pour certains, ce sera facile ; pour quantité d'autres, les entreprises devront se montrer imaginatives pour entretenir leur motivation. »*, analyse un consultant.

À 54 ANS, VOULOIR ALLER DE L'AVANT

Autant de raisons de «booster» son dynamisme, quel que soit son âge. Alain Boureau cite, en exemple, cet homme de 54 ans venu effectuer un bilan de compétences pour relancer sa carrière : *« Il n'était pas menacé dans son emploi, mais il voulait vraiment évaluer les atouts qui lui permettraient d'aller de l'avant et de poursuivre. »*, précise-t-il. Un cas plutôt exceptionnel aujourd'hui, mais que l'on pourrait rencontrer de plus en plus fréquemment dans les années à venir. Plus l'âge de la retraite reculera, plus il faudra se sentir jeune plus longtemps. Certains salariés l'ont bien compris qui, s'ils savent que ce n'est pas au cours de la dernière ligne droite qu'ont lieu les envolées

---

(1) *Source : in Le Monde.*

MA VIE DANS L'ENTREPRISE

les plus spectaculaires, ne renonceront pas pour autant à – encore – progresser! C'est le cas de Francis: *«Je ne me considère pas comme vieux. Pas plus d'ailleurs que mon employeur. Certes, je sais que je vais évoluer à un rythme plus lent qu'auparavant. Mais chaque changement, à l'intérieur de l'entreprise ou pas, devra, encore plus que par le passé, être valorisant. Aussi bien en terme financier que de responsabilités.»*

Si l'on ne peut ignorer les ralentissements conjoncturels, comme celui qu'a traversé l'économie à l'automne 2001, la tendance lourde est favorable aux salariés. D'ailleurs, l'Apec chiffre à 440 000, le nombre de cadres qui «risquent de faire défaut en dix ans pour l'ensemble de l'économie», soit un déficit de l'ordre de 40 000 cadres par an et, ce, dès 2004! En effet, d'une part, les entreprises vont devoir remplacer les nombreux départs en retraite et, d'autre part, les jeunes qui se présenteront sur le marché de l'emploi sont moins nombreux que dans les générations précédentes. *A priori*, ces derniers devraient donc connaître une insertion professionnelle plus facile. Quant aux jeunes cadres, ils auront plus de facilité encore que leurs aînés à faire jouer leurs envies ou leurs besoins de mobilité. Une situation favorable, ce qui ne veut pas dire idyllique. En face d'eux, ces cadres aussi mobiles qu'exigeants, trouveront des entreprises qui ne le sont pas moins. Mais à condition de savoir éviter les écueils, les pilotes de leur carrière ont, devant eux, un ciel relativement dégagé.

> MOBILITÉ, QUELLE VISIBILITÉ ?

L orsqu'on est sur le point d'être recruté, on ne pense pas toujours à se projeter dans l'avenir. Ni à savoir comment sa carrière évoluera. Pourtant, c'est dès le départ que le salarié a besoin de visibilité. Et cette visibilité est un élément d'autant plus important que l'état d'esprit dans lequel on va travailler dans l'entreprise, ainsi que son propre investissement en dépendent. Aussi, avant d'accepter d'intégrer une entreprise, sachez poser les bonnes questions :

• Existe-t-il des dispositifs concrets de mobilité dans le groupe ? Des professionnels y sont-ils dédiés : gestionnaires de carrière, responsables de la mobilité... Des structures : espaces emploi, plate-forme mobilité ? Des outils : Intranet, bourses de l'emploi, affichage des postes ?

Pour trouver les informations nécessaires vous pouvez utiliser plusieurs canaux :

– La presse spécialisée : *Courrier Cadres*, *Entreprise et Carrières*, *Liaisons sociales*... et, dans son ensemble, la presse économique. Le discours que les directeurs des ressources humaines tiennent sur la mobilité est souvent révélateur de leur volontarisme en la matière.

– Les réseaux d'anciens élèves : ils permettent généralement d'obtenir un écho assez conforme à la réalité. Si l'on sort de l'université où la vie associative est moins développée, il ne faut pas hésiter à s'adresser aux associations des écoles les plus prisées par le groupe dans lequel vous postulez.

– Glanez des informations sur l'environnement de l'entreprise, c'est conduire une véritable enquête auprès des associations et syndicats professionnels, ou éventuellement de connaissances qui travaillent déjà dans le groupe. Si vous passez par l'intermédiaire d'un cabinet de recrutement, c'est l'occasion ou jamais de demander des précisions sur la politique de l'entreprise en matière de mobilité. Vous pourrez faire de même, durant l'entretien de recrutement, avec votre futur responsable opérationnel. Ce dernier fait-il partie de ceux qui jouent le jeu de la mobilité ? Lui-même a-t-il un parcours varié ? Et vos futurs collègues, ont-ils beaucoup d'ancienneté dans leur poste ?

– Lors de votre **premier contact** avec un responsable de recrutement, interrogez-le sur les évolutions de carrière au sein du groupe. Vous ne le reverrez peut-être pas de sitôt...

Source : in Courrier Cadres

Chapitre **5**

LES CRITÈRES D'ÉVOLUTION PROFESSIONNELLE SE COMPLEXIFIENT

NE PAS ME TROMPER D'AVENIR

Lorsque l'informatique a déboulé dans les entreprises, le pouvoir appartenait aux... informaticiens. Du moins, pouvait-on le croire : ils parlaient un langage qu'ils étaient seuls à connaître. Mais, en même temps, nul ne pouvait communiquer avec eux, alors... Toute évolution technologique impacte les métiers et les manières de travailler. Pour autant, maîtriser une technique ne suffit plus à vous hisser vers les hautes sphères de la hiérarchie. Vous devrez également vous montrer capable de vivre, d'accompagner, d'anticiper le changement. Bref, d'associer savoir-faire, savoir-être, savoir voir, savoir prévoir... Une mise à jour permanente des connaissances est essentielle.
Ne pas se tromper d'avenir aussi !

DE QUOI SONT MORTES LES STARS DU MUET?

O n ne le soulignera jamais assez : toutes les compétences sont menacées d'obsolescence. L'un des enjeux du pilotage de carrière est de faire en sorte de ne jamais se laisser «vieillir» en termes de connaissances, d'expérience, de savoir-faire... Et, il est des évolutions technologiques radicales. Lorsque à la fin des années 20, le cinéma se mit enfin à parler, toute une génération d'acteurs – parmi eux les plus célèbres – virent leur carrière compromise : leur voix n'allait pas avec leur visage. Ils prêtèrent à sourire, devinrent ridicules, disparurent. Depuis une vingtaine d'années, le monde du travail connaît des révolutions technologiques considérables. Des premiers ordinateurs personnels, à la fin des années 70, à l'usage d'Internet aujourd'hui, en passant par les progrès de la téléphonie, l'univers de l'entreprise, et, par conséquent, l'environnement de travail des salariés, a été bouleversé. Chaque fois que la technologie évolue, le risque existe

MA VIE DANS L'ENTREPRISE

Le bon plan avec l'Apec

L'Apec a pour vocation d'accompagner les cadres en activité dans la gestion individuelle de leur carrière. Elle leur propose trois sessions : «Perspectives Bilan Orientation» ; «Perspectives Bilan de compétences» (en groupe) ; «Perspectives Bilan de compétences individuel» (individuel). Ces sessions permettent d'acquérir une méthodologie de pilotage de carrière. Selon le type de sessions, le financement peut être pris en charge par l'entreprise dans le cadre du plan de formation, soit par un organisme de financement (Opacif), soit par l'intéressé lui-même.

«Perspectives Bilan Orientation»
La session «Perspectives Bilan Orientation», une méthode spécifique menée au sein d'un groupe de cinq à sept cadres, s'adresse à des cadres en activité ayant au moins cinq années d'expérience professionnelle et qui souhaitent déterminer une nouvelle orientation professionnelle. Au terme de cette session, ils ont auront appris à :
• bâtir des scénarios d'évolution possible à court, moyen terme et long terme.

• être l'acteur de leur évolution, en lien avec l'entreprise, pour mieux s'adapter au changement de leur environnement professionnel.
• à passer de la réflexion à l'action.

«Perspectives Bilan de compétences»
S'adressant au même public que le «Bilan Orientation», il permet d'élaborer et valider un projet à partir des compétences. L'objectif de la session (en groupe) est :
• analyser ses compétences professionnelles et extra-professionnelles ainsi que ses aptitudes et motivations, afin de formaliser un projet professionnel ou de formation réaliste et argumenté.
• acquérir ou retrouver une confiance en soi au travers d'une méthodologie de gestion de carrière.
• s'entraîner à communiquer sur soi et sur un projet face à un groupe.

«Perspectives Bilan de compétences individuel»
Il est destiné au cadre en activité qui souhaite recenser ses compétences,

développer et argumenter un projet professionnel en travail individuel avec un spécialiste du pilotage de carrière de cadres en entreprise. Son objectif est :

• repérer et formaliser les compétences professionnelles et extra-professionnelles.

• recenser les axes de développement possibles.

• développer un projet réaliste et argumenté.

• acquérir une confiance en soi.

Après un entretien d'information, sans engagement, ce bilan individuel se déroule au cours de cinq entretiens de face-à-face sur deux mois environ + un suivi.

« Perspectives Bilan prise de poste »
Ce bilan a pour objectif de vous aider à anticiper et à optimiser la prise d'une nouvelle fonction (à trois mois ou plus de la prise de poste). Il vise à favoriser plus rapidement votre intégration et, surtout, à développer votre potentiel (cinq entretiens face-à-face).

pour qui ne se maintient pas en état de veille, de se voir classer, à l'instar de ces stars du cinéma muet, définitivement hors du jeu. Et dans une logique de pilotage de carrière, ignorer la composante technique de son avenir reviendrait à prendre le risque de naviguer à vue par temps de brouillard. Aussi, *« Toutes les formations, et particulièrement lorsqu'elles sont techniques, sont bonnes à prendre. »*, affirme Rémy Lesaunier, directeur de la société informatique ImpliQ. À l'évidence, l'affirmation redouble de vérité dans l'univers de la haute technologie : *« J'ai débuté ma vie professionnelle au début des années 80. La mémoire des plus gros ordinateurs de l'époque était inférieure à celle d'un PC vendu en hypermarché aujourd'hui. »*, se souvient Jean-Claude C., ingénieur informatique. *« Ne serait-ce que le temps d'un congé maternité et il faut se remettre à niveau. On ne peut pas se permettre de s'arrêter complètement pendant quelques mois, sous peine d'être « largué » et de peiner à rattraper le temps perdu. »*, explique Jeanne D., elle aussi, ingénieur informatique. Certes, il s'agit là de cas extrêmes, de métiers dont l'essence même et la performance des professionnels qui les exercent, exigent l'assimilation rapide des technologies les plus récentes. Mais, plus généralement, aucune activité ne doit se sentir épargnée par ces avancées de la technique.

J'AI DÛ ME FORMER À L'INTERNET

Cadre supérieur dans un groupe pharmaceutique, en charge notamment des relations avec la profession médicale, Gérard L. n'est pas, *a priori*, utilisateur des matériels les plus pointus. *« Bien sûr, j'ai un ordinateur sur mon bureau, j'envoie des e-mails, mais l'essentiel du travail de bureautique est réalisé par mon assistante. »*, explique-t-il. Gérard a pourtant dû suivre une formation sur l'Internet en 2000, *« parce que les relations entre les différents acteurs du marché passent de plus en plus par ce canal. »* S'il reconnaît qu'il y avait, à l'époque, un effet de mode dans cette démarche, il affirme que les connaissances acquises lors de cette formation interne, lui facilite les relations avec les prestataires de service. *« Je ne suis pas – et ne serai jamais – un ingénieur. Je n'ai pas appris à construire un site, mais seulement la manière dont il était construit. Cela me permet, comme lorsque vous confiez votre voiture à la révision, de comprendre de quoi parle le technicien. Utile pour éviter une addition salée et injustifiée. »*

Dans son secteur, la formation d'instituteurs, Sophie H. ne manie pas au quotidien les outils informatiques de pointe. À l'issue d'un bilan « Orientation-Perspectives » à l'Apec, elle ressent pourtant la nécessité de se mettre à niveau sur ce plan. *« Je suis actuellement en phase de réflexion sur mon avenir professionnel. Même si je n'ai pas encore fait de bilan de compétences à proprement parler, cette session m'a permis de prendre conscience de certaines lacunes dans l'exercice de mon métier actuel. Notamment en ce qui concerne les nouvelles techniques. Je n'ai pas une attirance particulière pour l'informatique, mais je sais que si je veux évoluer, je vais devoir m'y intéresser un minimum. Parce qu'aujourd'hui, aucune activité n'échappe à l'informatique et, à un moment ou à un autre, on vous demande toujours de vous installer derrière un écran.»* Sauf à être artisan ébéniste (et encore), impossible donc de passer outre son développement «professionnel technologique». Car, au bout du compte, c'est la possibilité de dialoguer, et donc de travailler, avec les spécialistes qui risque d'être sérieusement remise en cause. Ces derniers se formant de leur côté aux techniques d'animation d'équipe, de management. *« Dans l'informatique, la formation technique est évidemment essentielle pour rester au niveau. Mais, il est tout aussi important d'acquérir des compétences, dites transversales. Par exemple, pour améliorer son relationnel. Lorsqu'il travaille, un informaticien est nécessairement en contact avec des non-spécialistes. Il doit être capable de communiquer avec eux. À un niveau supérieur, par exemple, il peut être utile d'apprendre à manager les équipes. »*, souligne Rémy Lesaunier, directeur de la société informatique ImpliQ. Dans tous les cas, *« L'essentiel est de ne pas avoir peur*, explique Bernadette S., journaliste dans un quotidien régional. *Je me souviens, quant au début des années 80, nous avons suivi les*

> «On vous demande toujours de vous asseoir devant un écran.»

premières formations à l'utilisation de traitements de textes. Certains d'entre nous étaient paralysés par ce qu'on leur enseignait, comme décontenancés par un changement soudain de leur métier... Mais, reconnaissons-le, à l'époque, ces formations étaient très techniciennes. », rappelle-t-elle.

PASSER SON PERMIS COMME POUR CONDUIRE

Utiliser la formation pour suivre et s'adapter à l'évolution des technologies est le minimum requis pour ne pas courir le risque d'être exclu. Un basic de la gestion de carrière, en somme! Il arrive même que l'initiation aux nouvelles techniques emprunte des chemins de traverse. Responsable de la communication chez un géant de la boisson, Alexandre S. s'est «offert» un aller-retour, le temps d'une année, dans le monde de la net-économie: *« L'attrait de la nouveauté, l'envie de quitter le carcan des habitudes de travail dans un grand groupe... Mais, dans l'entreprise que j'ai rejointe, j'ai découvert un univers complètement différent. La moyenne d'âge des salariés ne devait pas excéder 25 ans. Mais, ils étaient tous très compétents dans leur domaine de technicité. Je ne m'occupais, évidemment, pas de technique. Mais, comme le «business» de l'entreprise consistait à vendre, ou plutôt à essayer de vendre, de l'information en ligne, j'ai naturellement*

MA VIE DANS L'ENTREPRISE

© APEC - Éditions d'Organisation (Groupe Eyrolles)

dû m'y intéresser. » L'expérience ne durera que quelques mois. Et, le cas est rare, Alexandre sera de nouveau accueilli par son groupe d'origine. Aussi qualifie-t-il l'aventure de positive: «*Je suis convaincu que cette expérience, qui m'a mis au contact de professionnels pointus, m'est utile aujourd'hui dans un domaine plus traditionnel. Mon entreprise utilise l'Internet pour la promotion de ses produits, mais aussi, et plus largement, pour sa communication. Il m'est plus désormais plus facile de comprendre ce que nous apporte Internet dans notre métier de «commnunicant». Plus facile aussi de travailler avec nos prestataires. Il me paraît indispensable de comprendre les apports possibles et les limites de la technique que l'on utilise.* », confie-t-il.

DERRIÈRE LES ORDINATEURS, IL Y A DES HOMMES

Mais, plus que l'informatique, la révolution de ce tournant de siècle concerne d'abord la communication. «*Les ordinateurs communiquent peut-être entre eux, mais ce sont des hommes qui sont aux commandes.* », rappelle Jean-Claude C., ingénieur informaticien. Les NTIC – nouvelles technologies de l'information et de la communication – comme on les appelle, modifient considérablement les relations entre les salariés. «*Vous ne pouvez plus rester dans votre coin à faire votre travail. Même si vous êtes le meilleur.* », assure-t-il. Et si le télétravail reste encore marginal, dans la plupart des cas, les relations entre les cadres d'une même entreprise ne sont plus les mêmes. «*En fait, il devient plus important d'apprendre à communiquer avec ces nouveaux outils, que de savoir les maîtriser.* », poursuit Jean-Claude C. Ce que confirme, à sa manière, Rémy Lesaunier, de la société ImpliQ: «*La formation tech-*

Jean-François de Zitter, directeur général de l'IFG (Institut Français de Gestion) : «Une vision dynamique et active sur son parcours de formation.»

Quels conseils donneriez-vous à un cadre pour évoluer favorablement dans sa carrière ?

Je commencerais par lui recommander d'avoir une vision personnelle active et dynamique de son parcours de formation. Et ce, quelle que soit la taille de l'entreprise dans laquelle il travaille. Cette vision personnelle sur son parcours de formation permet d'entamer un dialogue constructif avec sa hiérarchie, sa Direction des ressources humaines ou sa Direction générale. À une époque où la formation devient de plus en plus un co-investissement salarié-entreprise en termes de temps et de moyens financiers, ce dialogue m'apparaît déterminant. Dans ce contexte, j'estime que deux types de formation sont incontournables. Tout d'abord, au moins une formation qualifiante en management, indispensable pour le développement de sa carrière. Certes, il s'agit d'un lourd investissement personnel, mais cet investissement est le seul qui assure une réelle remise en cause permettant de maîtriser, voire relancer sa carrière. L'exemple des ingénieurs ou des informaticiens, qui, au-delà de leurs métiers très techniques, sont souvent confrontés à des problèmes de gestion ou de management, le montre bien. Ils ont besoin d'une formation dans ces disciplines pour acquérir de nouvelles compétences et trouver un second souffle. L'autre intérêt de ce type de formation se situe dans la richesse des échanges et la confrontation d'idées avec des professionnels de cursus différents travaillant dans d'autres secteurs d'activité. Par ailleurs, la formation qualifiante a pour avantage d'être un cycle complet où toutes les facettes du management sont abordées.

Mon deuxième conseil serait, même si cela paraît évident, de pratiquer une ou plusieurs langues. L'anglais notamment, condition *sine qua non* pour occuper un poste d'encadrement dans un contexte de marché européen et d'une économie mondialisée. Pour conclure, je conseillerais aux salariés d'être pro-actifs et de gérer leur parcours de formation avec leur entreprise, comme un co-investissement.

MA VIE DANS L'ENTREPRISE

nique ne sert à rien sans une formation plus générale. » Plus que dans tout autre domaine, la technique suppose des formations «apprenantes». *« L'idée de départ est que vous ne connaissez rien ou presque de l'outil pour parvenir ensuite à le maîtriser suffisamment pour vous lancer. »*, explique Jean-Claude C. qui établit une analogie pertinente avec le permis de conduire: *« Tout le monde sait que le jour où l'on réussit son permis, on ne sait pas encore vraiment conduire. Mais, on possède les bases nécessaires pour pouvoir se lancer dans la circulation. Eh bien, une bonne formation technique apporte exactement les mêmes résultats. »*

L'introduction d'une nouvelle technique au sein d'un service ou d'une entreprise, a souvent pour effet de redistribuer les rôles entre les salariés. Il y a ceux qui savent, et les autres. Les rapports hiérarchiques peuvent également en être affectés. D'où l'importance pour les salariés et, *a fortiori* les cadres, de ne pas se laisser dépasser. *« Un responsable d'équipe, un chef de projet, un responsable de département ou un directeur, n'est pas censé maîtriser, dans le détail, tout l'aspect technique du métier de chacun de ses collaborateurs. Mais, il doit être suffisamment « initié » pour pouvoir comprendre la difficulté de la mission confiée à chacun. Pas seulement pour diriger, mais aussi pour orienter, donner des moyens... rien de pire qu'un hiérarchique avec qui on ne peut pas parler « Métier »*, assure Gérard L., cadre supérieur dans un groupe pharmaceutique qui ne voit pas pourquoi, les cadres d'un certain niveau seraient dispensés – *« même s'ils doivent retourner un peu à l'école ! »* – de connaître les métiers de leurs équipiers sous prétexte que leur mission est de «manager». Un

Rien de pire qu'un hiérarchique avec qui on ne peut pas parler.

avis que partage Frédéric D., journaliste de formation, qui, après avoir suivi une formation de plusieurs semaines sur les outils multimédias, a été nommé rédacteur en chef de la version «en ligne» d'un quotidien régional. Certes, Frédéric D. aurait sans doute obtenu ce poste sans devoir en passer par cette formation. Probablement, aurait-il attendu plus longtemps. Mais, estime-t-il: «*Diriger une équipe dont vous ne comprenez pas quel type de problèmes techniques, elle peut rencontrer au quotidien est une mission vouée à l'échec. Certes, en cinq semaines, je n'ai pas acquis toute la technicité. Mais, je suis capable d'appréhender tous les problèmes que peuvent rencontrer mes collaborateurs et, surtout, de pouvoir chercher et trouver avec eux, des solutions.*»

DÉPASSER LA SIMPLE INITIATION TECHNIQUE

Développeur dans une filiale multimédia du groupe Accor, Philippe M. a été le témoin d'un changement technologique majeur au sein du groupe: «*À la fin 2000, l'entreprise décide d'acheter un nouveau système de conception des sites Internet.*

À première vue, ce n'était qu'un nouvel outil et, bien sûr, toutes les personnes concernées ont été formées pour s'en servir. Mais, plus que la technique, la particularité de ce logiciel est qu'il centralise, en quelque sorte, les décisions. Ce qui signifie que les développeurs, dont je suis, disposent de beaucoup moins de liberté d'action qu'auparavant. Ceux qui l'ont immédiatement compris, ont saisi l'opportunité de formation qui leur était proposée, pour se positionner à un échelon supérieur dans la hiérarchie. Les autres n'ont réalisé que beaucoup plus tard qu'une bonne partie de leur travail avait perdu de son intérêt.»
Preuve supplémentaire qu'une formation, pour être complète

et utile doit, aujourd'hui, dépasser la simple initiation technique !

« Jusqu'à la fin des années 70, explique un consultant, *le progrès technique concernait, au quotidien, les ouvriers et les employés. Aujourd'hui, les évolutions technologiques impactent tous les métiers. Y compris dans les sphères les plus élevées de l'entreprise. Mais, l'encadrement n'a pas été très préparé à cette mutation et certains hiérarchiques, notamment les plus âgés, sont irrités à l'idée de devoir admettre une remise en cause d'une partie de leur savoir. »*

GÉNÉRALISTE OU SPÉCIALISTE, LE DÉBAT EST-IL RELANCÉ ?

La formation demeure incontestablement l'un des moteurs de l'évolution professionnelle. *« Je l'ai toujours privilégiée, parce qu'à terme on gagne quasiment sur tous les tableaux. »*, affirme Jean-Claude C., ingénieur informaticien. Personne ne le contredira : plus les compétences sont grandes, en particulier dans les domaines techniques, plus les perspectives d'évolution sont nombreuses. À condition, bien sûr, de ne pas se tromper d'avenir. À quoi servirait-il de se former sur un outil qui s'avèrera rapidement obsolète ? Tous ceux qui se sont plongés, à corps perdu, dans le multimédia n'en ont pas tous retiré les bénéfices immédiats qu'ils pouvaient espérer même si, à l'instar d'Alexandre S. (cité plus haut), et qui s'est offert un « petit aller-retour » en nouvelle économie, l'expérience et le savoir-faire qu'ils ont engrangés leur sera toujours utile, y compris pour se reconvertir dans des secteurs traditionnels. Reste qu'accumuler les formations mal choisies, sans débouchés concrets, risque d'être contre-productif. Comment éviter de faire les mauvais choix ? Tout d'abord, en construisant un projet professionnel réaliste qu'il convient de confronter régulièrement au marché. Puis, en s'informant pour se donner les moyens d'anticiper. Non seulement sur les évolutions concernant son propre métier, mais aussi celles qui modifient l'ensemble du secteur dans lequel ce métier est exercé. Les sources d'information sont souvent plus nombreuses qu'on ne le croit. La presse généraliste ou spécialisée, mais aussi les collègues, les homologues, les amis, peuvent apporter d'utiles informations. Se renseigner auprès des organismes de formation est également très efficace. Et, à défaut de pouvoir contracter une assurance contre l'erreur, la solution consiste peut-être à choisir une formation plus généraliste que celle qui répond strictement au besoin initial. *« Une formation plus large que le besoin immédiat apporte souvent une autre dimension à la technique. Elle permet aux uns et aux autres de mieux se comprendre et, dans bien des cas, de mieux répondre aux attentes de l'employeur. »*, assure Rémy Lesaunier, de la société ImpliQ. Aujourd'hui, pour qui veut se donner les moyens d'évoluer, *« Être un bon spécialiste ne suffit pas. »*, affirment consultants et DRH. Si l'acquisition de savoir-faire très pointus dynamisent l'évolution d'une carrière et, surtout, évitent de se voir un jour menacé d'obsolescence, elle n'est plus suffisante pour garantir l'avenir. *« Les compétences se complexifient. Un bon commercial ne peut ignorer le contenu technique de ce qu'il vend, et inversement un ingénieur ne peut ignorer les finalités de ce qu'il conçoit. »*, note un consultant. Généraliste et spécialiste

Généraliste et spécialiste vont aller de pair dans un même cerveau.

Isabelle Corona, chef de projet chez Atos ORIGIN (SSII)

"Moi, et la prise de risque, c'est une longue histoire."

La mobilité dans l'entreprise, ça me connaît ! J'ai déjà effectué trois changements professionnels qui, tous, ont été une étape importante de mon évolution professionnelle. En 1988, je rejoins le Groupe Atos comme assistante de direction, dans l'une des filiales du Groupe. Je travaillais avec le directeur général. Je suis restée deux années, à ce poste. Puis, comme mon lieu de travail était très éloigné, j'ai cherché à me rapprocher de mon domicile. J'ai demandé à mon patron de rejoindre le siège social. Mais, en même temps que je souhaitais changer de lieu de travail, je désirais faire autre chose que des tâches administratives. «Ça me prend comme ça, les challenges.» Je suis donc passée à l'opérationnel, comme on dit... Un véritable virage à 180° dans la mesure où je devenais technico-commercial et gérais un portefeuille de clients. Cette opportunité d'évolution, je la dois à une personne qui m'a fait confiance. Les débuts furent difficiles, mais quel bénéfice professionnel ! C'était un univers si différent ! C'est cette fonction qui m'a conduite à participer au comité de pilotage du Groupe. Puis, lorsque le Groupe Atos s'est restructuré, j'ai décidé de réorienter ma carrière pour ne pas rester sur la brèche : j'ai alors postulé pour la Direction commerciale d'une des filiales (Desktop Services). J'ai occupé cette fonction, durant deux années. Puis, ayant acquis la certitude de n'être pas, tout à fait, faite pour cette fonction, j'ai alors posé ma candidature pour devenir chef de projet sur le «Helpdesk» – un service qui a aujourd'hui le vent en poupe».

MA VIE DANS L'ENTREPRISE

vont devoir aller de pair dans un même cerveau ! *« Ce qui nous fait parfois sourire, ce sont les profils « Bac +18 » sans réelle expérience. Une formation trop importante et trop théorique peut inquiéter un employeur. »*, souligne Rémy Lesaunier, directeur de la société informatique ImpliQ.

DES QUINQUAS PLUS OUVERTS QUE DES DÉBUTANTS

« Spécialiste ou généraliste, ce n'est pas vraiment le problème, estime Alain Boureau. Pour ce consultant de chez Leroy Consultants : *« Les entreprises attendent surtout de leurs salariés qu'ils soient adaptables. »* Pour cet autre consultant, *« savoir rester dans le coup, c'est ne pas attendre d'être obligé de se remettre à niveau. Plus le retard est grand, plus difficile est la formation. Et, en la matière, l'âge n'apparaît pas comme un handicap. Je vois des gens largement plus dynamiques et plus ouverts à 50 ans que certains jeunes cadres débutants prématurément bloqués par toutes sortes de certitudes ! »* Plus que l'accumulation de connaissances, c'est donc la souplesse d'esprit qui caractérise l'aptitude au pilotage de sa carrière. Biochimiste de formation, Séverine A. est devenue informaticienne. Au quotidien, son savoir initial ne lui est d'aucune utilité pratique : *« Mais la logique est toujours la même, quel que soit le problème traité. »*, estime-t-elle. Jean-Jacques P., lui, se dit prêt à quitter son métier de formateur qu'il exerce pourtant depuis une dizaine d'année. Même, si cela suppose des efforts d'adaptation à des outils qu'il n'a jamais utilisés !

S'il convient d'exploiter toutes les opportunités d'acquisition de nouvelles connaissances, il importe aussi de pouvoir puiser en soi tout un potentiel d'évolution que l'on ne connaît pas nécessairement. À cette fin, l'un des outils auquel il est fortement conseillé de recourir est le bilan de compétences, *«parce que dans bien des cas, les gens possèdent des qualités ou des capacités qu'ils ignorent.»,* explique Alain Boureau, de Leroy Consultants. Bilan de compétences, projet professionnel… la formation s'inscrit dans cette logique. On accordera, plus volontiers, une formation à un salarié qui est capable de montrer comment cette dernière vient soutenir son projet professionnel et, davantage encore, si ce projet professionnel s'inscrit dans ceux de l'entreprise.

> **À LIRE :**
> - « **Choix professionnel et développement de carrières** », par Charles Bujold et Marcelle Gingras, 2001, 480 pages, Gaetan Morin. 53,97 €
> - « **Gérer les carrières** », par Jean-Luc Cerdin, 2000, 221 pages, EMS. 13,50 €
> - « **Méthode Déclic pour conduire votre projet professionnel** », 2001, 352 pages, Apec/Éditions d'Organisation, 17,00 €

> SIX POINTS CLÉS POUR ÊTRE BIEN CHAUSSÉ DANS SES "STARTING-BLOCKS"

Bouger, changer, évoluer au sein de son entreprise ou à l'extérieur... Oui !

Mais, quand l'opportunité se présente, il faut être prêt à la saisir... Pour vous y préparer, les consultants «Perspectives» de l'Apec ont repéré six points clés sur lesquels il convient d'être vigilant, si vous souhaitez être en mesure de conduire votre carrière :

- **repérez vos compétences :**
  - pouvez-vous citer les cinq compétences clés sur lesquelles vous vous êtes appuyé au cours de votre parcours professionnel ?
  - avez-vous repéré celles de vos compétences qui peuvent être valorisées ?
  - avez-vous régulièrement des entretiens d'évaluation avec votre hiérarchie ?
  - avez-vous évalué les nouvelles compétences qu'il vous faudra acquérir pour rester dans votre poste, rester «employable» dans votre entreprise ?

– avez-vous des compétences extra-professionnelles, sources d'acquisition de compétences ?

- **sachez parler de vos réalisations :**

– pouvez-vous citer les trois réalisations les plus significatives que vous avez conduites ?

- **observez le marché :**

– connaissez-vous votre marché potentiel ?

Les niveaux de rémunération de la profession.

Les tendances d'évolution du métier.

L'évolution et la nature de la concurrence.

Les critères de recrutement de votre métier et de votre secteur d'activité.

– participez-vous à des salons professionnels, des congrès ?

– lisez-vous régulièrement la presse spécialisée ?

– regardez-vous régulièrement les offres d'emploi concernant le type de poste que vous occupez ?

- **soyez conscient de vos caractéristiques personnelles :**

– par rapport à votre situation actuelle, qu'êtes-vous prêt(e) à perdre, à risquer, à gagner ?

– pouvez-vous identifier les environnements qui correspondent le mieux à vos caractéristiques personnelles ?

- **cernez vos réelles motivations :**

– quelles sont vos cinq principales valeurs et motivations ?

- **soyez prêt à parler de vous :**

– avez-vous un CV à jour ?

Source : Atelier Apec

Chapitre **6**

DE LA LOGIQUE DE MÉTIER À LA LOGIQUE DE COMPÉTENCES

JE DÉVELOPPE MES COMPÉTENCES PASSERELLES

À la logique de métier se substitue une logique
de compétences. Cela signifie qu'aujourd'hui,
le savoir-faire technique ne suffit plus
à accélérer votre évolution professionnelle.
Aptitude à manager, sens de la communication,
capacité à s'adapter comptent désormais
parmi les atouts les plus recherchés par
les entreprises. Et font, à coup sûr, partie de
la panoplie du salarié mobile comme de celui
qui souhaite tenir les rênes de sa destinée
professionnelle. Ces compétences sont
qualifiées tantôt de compétences « passerelles »,
tantôt de compétences « transversales »,
surtout, de compétences « transférables ».
Découvrez ces compétences sésame
qui boosteront votre carrière !

CE FAMEUX SAVOIR-ÊTRE

"**C**hacun d'entre nous possède des compétences qu'il ignore.", affirme dans les dernières pages du précédent chapitre, Alain Boureau, consultant chez Leroy Consultants. La force de l'habitude, le travail quotidien qui ne permet pas toujours le recul nécessaire, la difficulté, voire l'impossibilité de procéder à une auto-analyse de son savoir et de ses qualités… autant de raisons qui expliquent cette méconnaissance de son capital compétences. Mais, pour qui souhaite tenir les rênes de sa destinée professionnelle, ces ressources ignorées sont essentielles. Passer avec «agilité» d'un poste à un autre, d'une fonction à une autre, d'une entreprise à une autre, exige outre une volonté et/ou des compétences qui dépassent les simples savoir-faire. Parmi elles, se trouvent ce qu'il est convenu d'appeler les «compétences passerelles». «Passerelles», parce qu'elles permettent non seulement de «glisser» plus facilement d'une fonction donnée vers une autre, mais aussi parce que ces compétences sont communes à la plupart des fonctions et des entreprises. Il apparaît immédiatement que ces compétences aussi qualifiées de «transversales» s'étendent bien au-delà des connaissances techniques spécifiques d'un métier, d'une mission. «*Dans l'informatique,* *l'acquisition de compétences, dites transversales, compte pour beaucoup dans la progression de carrière. Il importe, par exemple, de disposer de fortes capacités relationnelles. Non seulement parce qu'un informaticien est nécessairement en contact avec des non-spécialistes avec lesquels il doit pouvoir travailler et donc communiquer. Mais également parce qu'à un niveau plus élevé dans la fonction, un informaticien doit être capable de manager les équipes.»,* explique Rémy Lesaunier, directeur de la société informatique ImpliQ. Et ce raisonnement peut être appliqué à bien des secteurs d'activité et des fonctions. Normal, explique Gilbert G., DRH d'un important groupe de communication: *«Ces compétences se situent à la frontière entre les fonctions. Elles répondent à la complexité croissante des activités professionnelles et sont donc de plus en plus recherchées de plus en plus appréciées. La plus prisée d'entre elles, celle vers laquelle tend toute évolution professionnelle, est la capacité à manager. Que le poste soit opérationnel ou fonctionnel.»* À une logique de poste, se substitue désormais une logique de compétences. Compétences techniques, bien sûr, mais aussi, et c'est encore plus vrai lorsque l'on atteint des niveaux d'encadrement, compétences d'adaptation, compétences à manager, compétences à communiquer, à former, à déléguer, à responsabiliser... bref, une palette de compétences «évolutives» qui, au fur et à mesure de leur acquisition, vont accroître les passerelles possibles d'une fonction à une autre, d'un niveau hiérarchique à un autre, d'une entreprise vers une autre.

> À la logique de poste se substitue une logique de compétences.

Sauf à travailler en «électron libre», tous, un jour ou l'autre, sommes amenés à travailler au sein d'un groupe projet, à ani-

Martine Kort, consultante animatrice des Bilans « Perspectives » de l'Apec

Je préfère parler de compétences contextuelles.

« On évoque souvent les compétences passerelles, transversales, transférables. Sur ce dernier qualificatif, je souhaite apporter une précision : en théorie, et dans l'absolu, il n'existe pas de compétence transférable. En revanche, il importe de travailler sur les domaines de transfert et les contextes possibles. On pense souvent : Untel est un excellent vendeur. Il ferait grimper les ventes de n'importe quel produit. Ce n'est pas si sûr. Un excellent vendeur peut se révéler un piètre animateur des ventes, par exemple. Et, sans perdre une once de son talent de négociateur. Que s'est-il passé ? La mission n'est plus la même, le contexte a changé. Dans la même idée, ce n'est pas le même challenge de manager une équipe d'experts dans un contexte de croissance et de « reprendre » une équipe de techniciens, suite à un redéploiement d'activité dans un contexte économique moins favorable. Aussi, une compétence n'est-elle pas transférable dans l'absolu. Elle vit, croît ou se dévalorise en fonction d'un contexte de travail, d'un environnement professionnel. Certains managers constatent avec regret : « Je ne comprends pas ce qui se passe, c'était un excellent professionnel dans sa précédente entreprise... » Aussi, je préfère parler de « compétence contextuelle » pour insister sur l'importance du périmètre professionnel dans lequel elle s'est exercée. Sont donc à prendre en compte : les processus et les modes de décision, les hommes en place, la culture de l'entreprise etc., ce n'est pas, à chaque fois, la même histoire, la même logique qui se reproduit. Je pense, enfin, que les entreprises, plutôt que de « transférer » des compétences, des talents, devraient accepter de miser sur des qualités, plus en décalage, peut-être, avec certains postes. En quelque sorte, accepter la prise de risque. »

mer un groupe de réflexion, de travail… La plus élémentaire de nos compétences « évolutives » est notre aptitude à communiquer : *« Un spécialiste qui ne sait ni faire partager, ni transférer son savoir n'est pas très utile. »*, lâche brutalement le DRH d'un groupe industriel. Autre compétence « passerelle », de plus en plus sollicitée, notamment lors du recrutement de cadres ou la détection de hauts potentiels : la capacité à diriger des équipes. Si cette aptitude se situe dans le prolongement de la première, elle va plus loin : *« Il ne suffit pas d'être un bon communicant. Il faut également savoir planifier les tâches, établir un budget, savoir motiver les équipes, déléguer… »*, explique une spécialiste du recrutement. Pas très nouveau, pensez-vous : un cadre n'est-il pas supposé « encadrer » une équipe de collaborateurs… Sans doute. Mais ces missions d'encadrement sont plus délicates qu'il n'y paraît à première vue. La multiplication des sessions de coaching à destination des managers – et pas des moindres –, de préparation à l'encadrement, de formation au management en témoigne. Il n'est donc pas surprenant que ces « talents transversaux » constituent, aujourd'hui, les meilleurs atouts de réussite d'une mobilité. En effet, un manager doit pouvoir diriger une équipe quelle qu'elle soit, dans n'importe quel environnement professionnel et dans des contextes variés. *« Aujourd'hui, les fonctions ne sont plus aussi figées qu'auparavant. Et il n'existe plus, hors du strict domaine technique, de compétences qui ne soient pas communes à de nombreuses fonctions. On parle, bien sûr, de la capacité à manager, à communiquer. Mais, il en est d'autres, tout aussi indispensables au salarié qui souhaite rester, autant que cela lui soit possible, maître de son évolution. Je citerais, en vrac, l'autonomie, l'initiative personnelle, la capacité à s'adapter… bref, un véritable cocktail d'aptitudes qui permet de rebondir d'un poste à l'autre, d'une entreprise à l'autre, d'un contexte à l'autre, y compris dans le cas d'un échec personnel. »*, explique Renaud F., consultant.

À LA RECHERCHE DES TALENTS TRANSVERSAUX

À l'évidence, la formation initiale s'inscrit aussi à l'inventaire de ces compétences passerelles et transversales. Le DESS de biochimie de Julie D., aujourd'hui chef de projet dans une société de services informatiques, continue de jouer en sa faveur : esprit d'observation, d'analyse, de synthèse… une organisation de la pensée très efficace. Pour autant, n'être pas diplômé de l'enseignement supérieur ne signifie pas que l'on soit privé d'aptitude à évoluer. Cadre dans une société de services informatiques, Yves Le M. ne travaille plus aujourd'hui devant un écran, sauf pour taper des mémos. *« J'étais analyste-programmeur de formation. Je suis devenu ingénieur ; puis, comme fondamentalement, ce n'est pas l'informatique qui m'intéressait, mais les relations avec les gens, la conception des projets et la direction des équipes, j'ai évolué vers ce type de mission. »*, explique-t-il.

Détecter ses propres compétences passerelles, *« C'est à cela aussi que sert le bilan de compétences. Outre les potentialités que l'on ignore, il existe aussi des savoir-faire qui peuvent être utilisés ailleurs que dans son propre métier. »*, assure Alain Boureau, de Leroy Consultants. Bilan en forme de retour sur soi qui, dans la plupart des cas, permet à celui qui l'effectue, de réaliser qu'en plus – ou parallèlement – des qualités qui sont les siennes et qu'il connaît pour les avoir utilisées dans sa vie professionnelle ou les avoir « vendues » sur son CV, il possède d'autres aptitudes inemployées ou mal employées. Certaines de ces aptitudes se révèleront être des compétences « passerelles» ou, mieux encore, «transférables» c'est-à-dire pouvant être utiles d'un secteur d'activité à l'autre, d'un métier à un autre, d'une activité à une autre... *« Certes, un intellectuel ne se découvrira probablement pas de compétences d'ingénieur! Mais, peut être, prendra-t-il conscience d'une capacité d'organisateur, par exemple, qu'il a mise en pratique à l'occasion de telle ou telle mission, mais qu'il n'a jamais songé à valoriser. »*, explique un autre consultant.

UN CARNET D'ADRESSES "TRANSFÉRABLE"

Si elles appartiennent bien souvent au domaine du savoir-être (capacité à communiquer, à convaincre, à animer, à diriger, à construire des réseaux efficaces...), les compétences «passerelles» sont bien ancrées dans le domaine du savoir-faire et de l'expérience: savoir tenir un budget, être capable de concevoir un projet, savoir se montrer redoutable négociateur, bon vendeur... Il en va de même du formidable carnet d'adresses constitué au fil de nombreuses années d'exercice de votre métier... À la seule condition, toutefois, que ce carnet d'adresses soit «transférable», c'est-à-dire qu'il trouve son utilité dans un autre secteur d'activité. Si, durant votre vie professionnelle, vous n'avez travaillé qu'avec des directeurs d'hôpitaux, que vaut en effet ce carnet d'adresses pour une maison d'édition, quand bien même vous vous sentez l'envie – et peut-être certaines capacités – de travailler dans le milieu hospitalier?

Mais, votre portefeuille de compétences doit comporter des connaissances plus spécifiques. Titulaire d'une licence d'anglais, Bénédicte V. s'est découvert au fil de sa carrière dans un groupe bancaire, des qualités de comptable, puis de chef d'équipe qui lui ont permis de grimper dans la hiérarchie, grâce aux formations qu'elle entreprenait. *« L'acquisition des compétences est exponentielle, explique la jeune femme. Je suis rentrée dans ce groupe comme employée puis, pour évoluer, j'ai appris la comptabilité. À ma grande surprise, cela ne m'a guère posé de problèmes à moi qui appartiens à la famille des* «littéraires nuls en maths»*. En prenant du galon, je me suis trouvée obligée de prendre des initiatives. Non seulement pour moi, mais aussi pour mes collègues. J'ai pris de l'assurance et ai pu réalisé des missions auxquelles je n'aurais même pas pensé quelques années auparavant.* », explique-t-elle. Tout au long de son parcours, Bénédicte V. a découvert, puis développé, des compétences transversales. De salariée sans qualification particulière, *« ne devant m'occuper que de moi-même »*, comme elle le souligne, Bénédicte V. a acquis le statut cadre en charge d'un service : *« Parce que je me suis aperçue, progressivement, que je savais communiquer certaines choses autour de moi. Qu'apparemment mon sens de l'organisation facilitait le travail des uns et des autres. »*, poursuit-elle. Mais attention *« Cette progression s'est faite sur une douzaine d'années durant lesquelles j'ai appris, observé, discuté avec les uns et les autres, construit des liens professionnels utiles... bref, j'en voulais comme on dit ! »*, confie-t-elle en précisant que cette progression professionnelle s'est effectuée au sein d'une seule entreprise, même si elle a navigué d'une filiale à l'autre. Mobilité interne si souvent payante...

> En prenant du galon, je me suis trouvée obligée de prendre des initiatives.

© APEC - Éditions d'Organisation (Groupe Eyrolles)

PAS DE CHANGEMENT SANS UNE REMISE EN QUESTION

L a mise en valeur des compétences passerelles est, d'une manière générale, plus aisée dans le cadre d'une évolution interne. Dès lors qu'il s'agira de quitter son entreprise, le candidat au changement devra s'assurer que les compétences sur lesquelles il entend s'appuyer pour réussir son changement sont non seulement «transversales», mais aussi et surtout «transférables». D'ailleurs, prévient François de L., spécialiste en outplacement: *« Changer en même temps de métier et d'entreprise est un exercice périlleux réservé aux plus audacieux ou aux plus brillants. »* Car, et pour reprendre l'image du pilotage de carrière, le piège serait alors de devoir atterrir sur le mauvais... aérodrome. Autrement dit, de croire, à tort, qu'il est donné à tous, au prix de quelques compétences «exportables» d'entreprendre une nouvelle carrière. Simon H., la quarantaine sportive, commercial dans une grande agence de publicité, a cédé, comme beaucoup d'autres, aux sirènes de l'Internet. « *L'image de la start-up me séduisait. Sur le papier, je possédais toutes les compétences requises. J'ai pensé c'est maintenant ou jamais...* » Bref, tous les atouts de réussite semblent réunis. Sauf qu'une start-up ne fonctionne pas comme une « grosse boîte ». Les moyens octroyés au commercial sont sans commune mesure avec ceux qu'une multinationale est capable d'investir. « *En fait, j'ai réalisé que j'avais changé de métier,* explique Simon. *Une communication différente, des supports nouveaux, des interlocuteurs plus jeunes, plus impatients, un environnement très différent de celui que je connaissais, en pleine effervescence, mais aussi en plein doute... en fait, une petite structure pressée de ne pas rater le train de la nouvelle économie... Les débuts ont été très durs. Avec le temps, les choses se sont arrangées et, en définitive, je crois pouvoir dire que l'expérience fut positive. Je pense avoir beaucoup appris...* » Malheureusement, la « jeune pousse » ne survivra pas à la crise de la net-économie et la perte de confiance des investisseurs. Quant à Simon H., il ne restera que quelques mois sans emploi. Comme le constate François de L., spécialiste en outplacement, « *Bon nombre de recruteurs ne considèrent pas comme un échec le passage difficile, voire sans lendemain, dans la nouvelle économie. Au contraire, certains apprécient même la prise de risque qu'ont su accepter ceux qui ont tenté l'aventure, abandonnant une structure traditionnelle pour se frotter à un nouvel environnement de travail. Une expérience enrichissante, estiment-ils...* »

Pour d'autres candidats au changement d'entreprise, l'aventure se révèle plus douloureuse : « *Il y a une grande différence entre réussir un passage d'un poste à l'autre dans le cadre d'une*

> Une start-up ne fonctionne pas vraiment comme une grosse boîte.

" Piloter une carrière, c'est jouer sur plusieurs facettes.

Piloter une carrière, c'est jouer sur plusieurs facettes à la fois. Nous commençons par amener les cadres à bien se connaître eux-mêmes. Il est primordial qu'ils prennent conscience de leurs aspirations, de ce qu'ils souhaitent faire, et mesurent leurs limites. Dans cette optique, nous les invitons, *via* des tests de gestion de performances, à se poser un certain nombre de questions du type : « Quels sont mes points forts, mes points faibles, etc. ? » Cette quête de connaissance de soi est nourrie du *feed-back* de la hiérarchie (N + 1), des clients ou des collègues... Dans un second temps, les cadres doivent intégrer à leurs choix de carrière, une dimension personnelle et familiale : sont-ils capables d'être mobiles ? Sont-ils réellement disponibles pour s'investir à fond dans une nouvelle mission ? Puis, nous les encourageons à ne pas négliger la connaissance des métiers de l'entreprise dans laquelle ils travaillent, à cultiver leurs réseaux, afin de disposer de la meilleure écoute. Dernière facette, l'alternance souhaitable entre les expériences de terrain et les expériences plus fonctionnelles. C'est ainsi que l'on peut tester ses capacités d'adaptation à court et long terme, savoir s'il l'on peut raisonner de façon globale en multipliant les angles de vue... Les expériences à l'international constituent en cela un excellent facteur d'ouverture.

Que peuvent attendre les cadres de leur DRH et comment doivent-ils s'adresser à lui ?

Le DRH ouvre le jeu. Il renseigne et informe les salariés sur les métiers et les opportunités que propose l'entreprise. C'est sa première responsabilité. Non seulement, il donne son avis sur les capacités et les qualités de l'intéressé, mais il doit également faire preuve d'une certaine perspi-

...../

/...

cacité pour pouvoir orienter les décisions de l'intéressé à moyen et à long terme. Quant aux cadres, la meilleure façon de s'adresser à un DRH est d'avoir un projet et de leur soumettre. Le DRH aide le cadre dans sa réflexion, mais cela suppose qu'en retour, ce dernier soit capable de lui présenter un certain nombre de ses réalisations concrètes. Ce sont les enjeux et les résultats qui renforcent la qualité des échanges entre le cadre et le DRH. Le DRH est avant tout un «facilitateur» et un développeur de carrière.

mobilité interne et entrer en fonction dans un métier et un univers professionnel radicalement nouveau.», remarque un consultant. Dans le premier cas, il s'agit généralement d'une évolution en termes de responsabilité, mais qui se situe la plupart du temps dans une même logique de métier. Dans le second, il est question de tout recommencer.» Ce n'est pas un hasard: très souvent, et quelle que soit la culture de leur entreprise, un grand nombre de salariés souhaitent changer de métier. Or, au final, ils ne sont pas si nombreux à franchir le pas: *«Nous développons toujours nos compétences dans le même type de fonction et d'environnement. C'est plus rassurant.»,* confie à l'hebdomadaire *Courrier Cadres,* Dominique Thierry, directeur du cabinet Développement et Emploi.

Tout changement, y compris dans sa propre entreprise, même celui pour lequel on possède, «sur le papier», tous les atouts de réussite, entraîne une remise en question. Pour preuve, l'expérience de Laurence M., avocate libérale pendant une dizaine d'années, qui a très mal vécu son passage au service juridique d'un groupe bancaire. *«Même si le travail était le même sur le fond, je ne m'attendais pas à un tel choc. Pas évident, par exemple, de passer d'un cabinet d'une dizaine de per-*

sonnes, à un service qui en compte dix fois plus... J'ai eu l'impression de ne plus savoir rien faire. Parce que la manière de travailler, de procéder, n'avait rien de commun avec ce que j'avais connu. », explique-t-elle. Difficulté d'adaptation ? Laurence quittera ce groupe au bout de quelques mois, pour retourner travailler dans un cabinet. « Une question de survie ! », assure-t-elle. Là encore, un bilan de compétences aurait très certainement permis à Laurence M. – parce qu'il aurait probablement mis en lumière le fait qu'elle s'épanouissait mieux dans de petites structures – d'éviter ce genre de mésaventure. Mais, à défaut de pouvoir investir temps et argent nécessaire, pour entreprendre ce type « d'introspection professionnelle », il est toujours possible – et fortement conseillé – de « tâter soi-même le terrain » : « Il ne faut pas hésiter à rencontrer les gens avec lesquels on est susceptible de travailler, à leur poser des questions, y compris celles qui paraissent les plus naïves. Il faut pouvoir évaluer ce qui vous attend vraiment. », conseille maintenant Laurence M. qui, depuis, a effectué un bilan professionnel et s'est même découvert l'envie – qu'elle a réalisée – et le talent d'écrire des chroniques pour la rubrique juridique d'un journal financier.

L'AMBIGUÏTÉ DU DISCOURS SUR LA MOBILITÉ

Le risque de devoir passer par ce genre de mésaventure, avant de trouver sa voie, est, logiquement, moins important lorsqu'il s'agit d'effectuer une mobilité interne. Pour autant, la préparation au changement n'est jamais superflue. Ne serait ce que sur un plan psychologique. « Vous êtes rarement accueilli à bras ouvert lorsque vous arrivez dans un nouveau service, qui plus est quand vous commencez dans de nouvelles fonctions. », prévient Bénédicte V. Aussi, pour faciliter la mobilité de leurs salariés (*a fortiori*, si cette mobilité s'accompagne d'un prise de responsabilité plus importante), les Directions des ressources humaines font-elles appel à la formation (si l'acquisition de nouvelles connaissances s'avère nécessaire) et/ou à des techniques, telles que le coaching. Mais, ce n'est pas toujours le cas. On ne compte plus les salariés qui, une fois, le changement réalisé, regrettent – un peu tard – de n'avoir été ni soutenus, ni formés. Aux techniques de management, par exemple. *« Toute la difficulté réside dans le fait qu'il règne une grande ambiguïté dans le discours sur la mobilité. D'un côté, les entreprises encouragent leurs salariés à bouger tandis que de l'autre, un grand conservatisme continue à présider la vie quotidienne des services. »*, constate François de L., consultant. Et, il revient bien souvent au salarié d'assurer lui-même son transfert. Ce qui exige parfois une grande force morale. Jean-Jacques B., cadre commercial chez un fabricant d'appareils ménagers, a ainsi mal vécu un changement longuement négocié. *« J'étais courtisé par un chasseur de tête. Après de longs mois de réflexion, j'ai accepté la proposition, malgré mon attachement à l'entreprise dans laquelle je travaillais. »* Quelques semaines après son intégration chez son nouvel employeur, Jean-Jacques B. découvre la réalité d'un contexte qu'il n'avait pas songé à explorer et auquel il n'était, bien sûr, pas préparé : *« Il s'agissait d'une entreprise familiale qui n'avait pas guère évolué depuis des années, attachée à ses traditions. Les dirigeants attendaient beaucoup d'un nouvel arrivant, espérant que j'allais dynamiser l'entreprise. Mais, en même temps, ils avaient très peur d'être bousculés. »* L'apprentissage fut difficile

« Des situations
m..., j'en ai
connues un certain
nombre. »

Vincent Renard, consultant animateur des Bilans «Perspectives» de l'Apec

La notion de compétence permet une évaluation objective des contenus d'un métier.

Les entreprises demandent de plus en plus à leurs salariés de prendre en main leur devenir professionnel. Ce qui paraît normal. En revanche, et à en croire certains témoignages, ce «pilotage de carrière» semble n'être l'affaire que des salariés. Sont-ils seuls à être concernés par la gestion des compétences?

Non, bien sûr. Et le repérage des compétences est la base de toute politique de gestion des ressources humaines. Il permet à l'entreprise de faciliter la mobilité interne; de prévoir et accompagner l'évolution des métiers; de réussir en les accompagnant, les changements d'organisation; de mieux recruter; de bâtir une politique de formation et, enfin, de mettre au point une politique de rémunération sur des critères individuels relativement objectifs. Si les entreprises ont privilégié cette notion de compétences, parfois, peut-être, avec excès, c'est qu'elle permet une évaluation objective des contenus d'un métier, d'une fonction.

Entreprises et salariés sont donc très concernés?

La gestion des compétences, le pilotage de carrière – et il vaudrait mieux parler de co-pilotage – impliquent effectivement les deux parties. On peut même parler de contrat gagnant-gagnant. En matière d'évolution des métiers, par exemple, le repérage des compétences par l'entreprise n'est vraiment utile que si un travail est effectué avec les salariés concernés pour les amener à prendre conscience des changements à venir. Il faut commencer par les amener à s'approprier leurs compétences actuelles (en avoir conscience et être capables de les exprimer) et à leur faire comprendre les compétences nécessaires demain à l'exercice de leur fonction, de manière à ce qu'ils acceptent de se remettre en cause et entrent, ainsi, dans le processus de changement. /...

/...

Pour le salarié lui-même, à quoi sert ce repérage de compétences ?

Concernant la gestion de son parcours professionnel, le repérage de ses compétences que peut effectuer un salarié au cours d'un bilan de compétences ou un bilan d'orientation, par exemple, n'est vraiment utile que s'il confronte ses compétences avec celles dont son entreprise a besoin, aujourd'hui, mais également demain. C'est sur la base des compétences qu'il possède et qui lui donnent des atouts spécifiques qu'il devra se situer par rapport aux évolutions prévues ou prévisibles dans son entreprise. Reste que la réflexion du salarié, dans une logique de mobilité, ne se pose pas en termes de compétences (sauf dans des périodes de doute, de remise en cause...), mais en termes de projet et de marché, interne ou externe : «quels sont les enjeux de mon entreprise ?, Quels sont ses projets ?, Que puis-je lui apporter... ?»

Quand est-il nécessaire de procéder à un repérage des compétences ou un travail sur son projet ?

Il est toujours nécessaire, mais il l'est davantage, encore, en période de changement. Lors d'un rachat, une fusion, un changement de culture, de dirigeant. Il l'est, également, lors d'un changement de métier (nouvelles missions, nouvelles activités, nouvelles exigences en matière de compétences). Il est utile lorsque les organisations se modifient, se complexifient (opérationnels, fonctionnels, relations hiérarchiques, transversales, matricielles). Enfin, il s'impose chaque fois qu'un salarié a le sentiment d'avoir «fait le tour de la question», qu'il est inquiet sur son avenir, qu'il affiche une volonté de progresser, qu'il est insatisfait dans son travail ou dans son environnement professionnel, ou qu'il est à la recherche d'un équilibre entre vie personnelle et vie professionnelle.

Comment l'Apec intervient-elle dans ce repérage de compétences ?

Nous apportons à l'entreprise et aux salariés cadres, des méthodes (transfert de savoir-faire et appropriation d'outils) qui permettent aux deux parties de repérer les compétences et d'échanger sur le sujet. Sur

/...

/...
la base de ce constat des compétences actuelles, l'entreprise et le salarié construisent l'avenir par rapport à des besoins en matière de compétences ou de souhaits en matière de développement professionnel. Nous encourageons également à la prise en compte non seulement les compétences des salariés, mais aussi, et de manière complémentaire, de leurs motivations, leurs systèmes de valeur, leur potentiel d'évolution et leur capacité à vivre un changement professionnel. Lorsque nous effectuons des bilans de compétences ou des bilans orientations avec des groupes de cadres, nous n'évaluons pas directement leurs compétences. Nous les aidons à s'évaluer eux-mêmes et à avoir un dialogue ouvert, pragmatique et constructif avec leur entreprise.

reconnaît-il, ajoutant, comme s'il était encore temps de se rassurer: « *Et, vous savez, des situations m... j'en ai connues un certain nombre !* » Aucune entreprise ne ressemble à une autre. Un même métier peut s'exercer différemment, selon la taille de l'entreprise, son secteur d'activité et même sa localisation. Ainsi, la gestion des ressources humaines d'une banque n'a rien de commun avec la gestion des ressources humaines d'un groupe de travaux publics. Dans un tout autre domaine activité: François P., journaliste économique, est devenu, il y a une dizaine d'années directeur de la communication d'un groupe audiovisuel. « *Pas un instant, je n'ai douté de mes compétences en acceptant le poste. Je connais mon métier et je ne suis pas un débutant. Mais, il y a une très grande différence entre commenter l'actualité économique et en être, parce que salarié d'une entreprise connue, l'acteur. Soudain, ma liberté de parole s'est effacée. Ma mission était de défendre les couleurs de mon employeur. Pas vraiment le même métier...* » Mais, le plus difficile pour François P. fut d'apprendre à gérer un budget: « *De simple salarié, je suis devenu un manager soucieux des deniers de l'entreprise.»* La transition fut délicate, *«interminable».* Après avoir hésité à renouer avec son métier d'origine, François P. s'est accroché et s'est finalement adapté à la culture de son nouvel employeur et aux objectifs de sa mission. *« Les frontières sont parfois floues entre le journalisme, le journalisme d'entreprise, la communication... il peut donc être malaisé de passer d'un métier à l'autre. D'où la nécessité de ne pas trop s'attacher aux intitulés de poste et de bien déceler dans l'annonce, par exemple, ce que seront exactement les missions du candidat.»,* conseille-t-il. *«N'attendez pas de la bureaucratie qu'elle gère votre carrière pour vous.»,* lance Maurice Thévenet, spécialiste de la gestion de carrière qu'il enseigne à Essec et au Conservatoire national des Arts et Métiers. Oui, il existe des plans de formation, des universités, des entretiens d'évaluation, des remises à niveau régulières... mais, dans bien des cas, seules certaines catégories de postes, considérées comme stratégiques par l'entreprise, sont concernées par

Les entreprises sur-investissent sur certaines catégories de personnel.

tous ces «training». *«Les entreprises sur-investissent sur certaines catégories de personnel.»,* déplore Maurice Thévenet. C'est le cas des hauts potentiels. Aussi, quel que soit le degré de participation de l'entreprise à la gestion individuelle de carrière, le salarié devra toujours faire preuve d'une volonté d'autonomie. Car, non seulement «la bureaucratie», pour reprendre le mot de Maurice Thévenet, ne peut décider à sa place, mais elle ne peut pas, non plus, développer ses compétences à son insu!

Qualifiées souvent de «passerelles», «transversales», «transférables»... ces compétences ne peuvent, en effet, s'ex-

© APEC - Éditions d'Organisation (Groupe Eyrolles)

primer que si elles s'inscrivent dans une volonté d'autonomie du salarié. *« Le problème est que, très souvent, l'autonomie, même revendiquée, revient à dire : « J'ai envie qu'on me laisse tranquille », ce qui ne signifie pas que l'on souhaite prendre en main sa carrière. »*, souligne Maurice Thévenet.

LE DROIT À L'ERREUR DE MOINS EN MOINS TOLÉRÉ

Même s'il n'est pas toujours seul aux commandes, le candidat au pilotage de carrière doit donc d'abord se fier à ses propres capacités pour maîtriser son destin. Un destin qu'il prendra soin d'esquisser en construisant un projet professionnel, en apprenant à se connaître, y compris avec l'aide des autres. Il limite, ainsi, les risques d'un atterrissage en catastrophe. *« Dans notre société, le droit à l'erreur est de moins en moins toléré. »*, rappelle, à cet égard, Maurice Thévenet. Pour autant, et quelles que soient les précautions prises, les exemples, cités plus hauts, montrent que nul n'est à l'abri d'un incident. *« Le tout est de s'en rendre compte à temps et de ne jamais considérer l'échec comme irrémédiable. »*, préfère retenir, en guise de morale, Jean-Luc E., directeur de production chez un constructeur automobile, qui a connu quelques atterrissages difficiles, lorsque la tour de contrôle ne répondait pas. Et d'ajouter : *« Parmi les compétences les plus informelles qui soient, la confiance en soi, la faculté de savoir prendre du recul par rapport au quotidien, sont pour moi, fondamentales. »* On y revient : comme le rappelle Martine Jore, psychologue et consultante en management de carrière : *« Le plus important, c'est de bien se connaître. »* Une affirmation qui peut paraître relever du lieu commun. Mais le travail, que la mise en pratique de ce commandement suppose, dépasse largement le seul cadre de la vie professionnelle !

Pratique

À LIRE :
- « La polyvalence sous toutes les facettes », par Patrick Micheletti, 2002, 190 pages, Éditions d'Organisation. 27,00 €
- « Les compétences en action », par Sandra Bellier, 2000, 240 pages, Éditions Liaisons. 21,34 €
- « Précis du développement des compétences », par Philippe Fray, 1999, 272 pages, Éditions Liaisons. 28,20 €
- « Objectif compétence », par Philippe Zarifian, 1999, 232 pages, Éditions Liaisons. 23,48 €
- « Le savoir-être dans l'entreprise », par Sandra Bellier, 1998, 318 pages, Vuibert. 21,00 €

Site Internet :
- Cereq (Centre d'études et de recherche sur les qualifications) : www.cereq.fr

> ACCÉDER AU STATUT CADRE[1]

L e statut pourrait sembler vidé de son sens pour une partie de la jeune génération de cadres (25-35 ans). En effet,
selon une enquête réalisée en 2002 par l'Ifop pour l'Institut de l'Entreprise, 40% des jeunes cadres considèrent
que le statut «n'a plus de sens». Ils sont, cependant, une large
majorité à lui reconnaître quelques signes distinctifs : 85%, toujours selon l'enquête de l'Institut de l'Entreprise, reconnaissent
qu'il «correspond à un certain niveau de responsabilité». Pour
71%, il «permet de se positionner dans l'entreprise»; il correspond à un certain niveau de rémunération (68%) et il est – encore
– un statut qui «permet de se positionner socialement». Bref, le
fameux label cadre reste encore très convoité.

Longtemps, et facilement, les jeunes diplômés ont accédé au
statut cadre, dès le premier emploi. L'idée voulait alors que l'accès
à ce statut soit lié au degré de formation (au moins égal à Bac + 4)
des diplômés et que tous les cadres seraient détenteurs d'un
diplôme de ce niveau. Mais, le recul économique du début des
années 90 a modifié ce sentiment. Aujourd'hui, – il y aurait désormais «trop de diplômés de l'enseignement supérieur» –, c'est plus

---

(1) *Les cadres en mutation. Les cahiers de l'Observatoire cadre.* N° 1.
Apec

souvent par promotion interne que l'on accède à ce statut, notamment pour les salariés dont le niveau de formation est inférieur à la licence. Les diplômes, s'ils constituent toujours un moyen d'accès privilégié (en termes de délais) au statut cadre, jouent désormais de pair avec la promotion interne. *«Diplômes et promotion interne sont donc en fait les deux atouts majeurs d'une bonne gestion de carrière».* Mais, qu'il s'agisse de l'âge auquel les cadres ont commencé à travailler, de la manière dont ils ont obtenu le statut cadre (dès le premier emploi, promotion interne, lors d'un changement d'entreprise) ou du délai pour y accéder, l'Apec constate que le délai moyen d'obtention du statut cadre est de huit ans.

Le facteur le plus déterminant de l'accès au statut cadre demeure toujours le niveau de la formation; en cela, il est un facteur de stabilité. Il agit, aussi, comme facteur structurant, car c'est celui qui discrimine les cadres tant au moment de l'insertion que dans la suite de leur carrière. C'est ainsi que les plus diplômés sont aussi ceux qui sont entrés le plus tardivement sur le marché de l'emploi, mais ils ont obtenu le statut cadre plus rapidement : près de quatre ans en moyenne après l'entrée dans la vie active, pour des diplômés d'école de commerce; six ans pour des titulaires de maîtrise; plus de huit ans pour les titulaires d'une licence; mais deux ans seulement pour les diplômés d'écoles d'ingénieurs. À noter, enfin, que les hommes accèdent plus rapidement à ce statut que les femmes (7,8 ans en moyenne pour un homme contre 9,4 pour une femme).

Même si les différences ont eu tendance à s'atténuer, la fonction occupée reste un élément discriminant du délai d'accès au statut.

Ainsi, en moyenne, ce sont les cadres des fonctions Gestion et Production-Chantiers et Personnel qui mettent le plus de temps à obtenir le statut (huit à dix ans). À l'opposé, les cadres d'Études-Développement et, plus récemment, les cadres de communication y parviennent après cinq années. Cela dit, d'un secteur d'activité économique à l'autre, les délais d'accès au statut cadre se sont partiellement homogénéisés et s'échelonnent de 7,3 ans dans le secteur Études-Conseil à 8,7 années dans les Industries diverses. Le BTP, pénalisé par les effets décalés d'une décennie particulièrement difficile pour l'emploi, fait exception avec un délai d'accès de onze ans.

La promotion interne reste le premier mode d'accès au statut cadre, même si elle a progressivement régressé (de 49 % à 46 %) au cours de la décennie au profit de l'accès lors du premier emploi ou par changement d'entreprise. Près de la moitié des salariés qui se hissent à ce statut, deviennent cadres, lors d'une promotion dans l'entreprise dans laquelle ils travaillent (46 %). L'accès direct dès le premier emploi (30 %) est demeuré le second moyen devant la mobilité externe (24 %).

Concernant la promotion interne, l'Apec constate qu'elle profite surtout aux salariés qui possèdent un niveau de formation Bac + 2. En effet, 50 % d'entre eux ont ainsi accédé au statut cadre. Enfin, ce sont les titulaires d'un Bac + 5 et au-delà qui bénéficie du label cadre, dès leur premier emploi par ce moyen.

Chapitre **7**

TEMPS LIBRE, TEMPS POUR APPRENDRE ?

Avec la mise en application des lois Aubry sur la réduction du temps de travail, les salariés se sont trouvés face à une quinzaine de jours supplémentaires de «vacances». Pour les uns, ce nouveau temps libre doit être entièrement consacré aux loisirs, à la famille, au développement personnel. D'autres y voient une opportunité supplémentaire de se former, d'apprendre. On imagine que les carriéristes de tout poil investiront ce nouvel espace de liberté pour acquérir de nouvelles connaissances, de nouveaux savoir-faire cumuler. D'autant que certaines entreprises ne verraient pas d'un mauvais œil qu'une partie du temps de formation empiète sur ce nouveau temps libre.

LA RTT, DU TEMPS POUR TOUS ?

Statistiquement, et avant même l'entrée en vigueur des lois Aubry, le temps de travail des Français n'a cessé de se réduire. Mais, depuis les lois sur la réduction du temps de travail, tout salarié est supposé travailler moins. Du moins, moins longtemps. Tenez, les cadres, par exemple… Eh bien, si huit cadres sur dix bénéficient désormais de la RTT, il semblerait, selon l'Apec, que leur charge de travail, elle, ne se réduit pas en proportion. *« Les cadres sont moins nombreux à se plaindre d'être surchargés de travail. Mais les surbookés trouvent que c'est encore pire qu'avant. »*, confie même à l'hebdomadaire *Courrier Cadres*, Hélène Alexandre, chef de projet du département Études de l'Apec, devant les résultats de l'enquête annuelle Cadroscope Apec 2002. La part des cadres s'estimant surchargés de travail est, en effet, passée de 60 % à 50 % (de 1999 à 2001). Premier effet RTT ? Assurément : *« Il y a quelques années, les cadres considéraient que la charge de travail était indissociable du statut. Aujourd'hui, avec le débat sur les 35 heures, ils réalisent que*

MA VIE DANS L'ENTREPRISE

Jean-François de Zitter, directeur général de l'IFG
(Institut Français de Gestion)

Les 35 heures peuvent-elles rendre possibles de nouveaux parcours de formation ?

Il me paraît acquis que la réduction du temps de travail aura, à terme et inéluctablement, une incidence sur les parcours de formation. Pour l'heure, il faut constater que l'effet a été inverse de ce que l'on pouvait attendre : la mise en place des 35 heures a un impact négatif sur les parcours de formation. À cela, trois raisons : le peu de disponibilité d'une partie de l'encadrement, lié à la mise en place du système, la préférence d'une partie des cadres pour d'autres activités (repos, loisirs...) et puis, bien évidemment, l'échec des négociations Patronat/Syndicats sur le sujet.

Cependant, la RTT ouvre la porte à un co-investissement entre l'entreprise et le cadre qui, il faut l'espérer, va trouver sa place naturelle dans les années à venir. Ce co-investissement peut se réaliser en temps : il peut résulter d'accords avec l'entreprise favorable à une négociation sur le temps de travail ; il peut, également, se réaliser sous forme financière, mais son essor sera freiné en raison de deux facteurs : d'une part, la non-déductibilité fiscale pour les cadres investissant personnellement dans leur formation, et d'autre part une TVA à 19,6 % alors qu'une TVA à 5,5 % serait incontestablement plus adaptée et surtout plus morale.

leur travail est aussi par des lois. L'application des 35 heures a certainement contribué à la diminution de la durée du travail. », analyse Hélène Alexandre. De là, à en déduire que tous les cadres travaillent moins, il y un pas qu'il faut se garder de

© APEC - Éditions d'Organisation (Groupe Eyrolles)

franchir. D'abord, parce qu'ils sont toujours largement plus de la moitié (60 %) à se dire surchargés (45 % chez les moins de 35 ans et 50 % chez les cadres plus âgés). Que, de surcroît, 79 % de ces acharnés du boulot estiment l'être fortement, et en permanence. Enfin, et c'est là le deuxième effet RTT, 50 % de ces surbookés chroniques estiment que leur charge de travail a encore augmenté, depuis l'année 2000. Pour Hélène Alexandre, pas de doute : *« C'est un effet pervers de la RTT. Ceux qui ont le plus de travail travaillent encore plus et de façon permanente. »* Au premier rang de ces surbookés, les cadres de la fonction Personnel (ceux-là ont fort à faire avec la mise en application des 35 heures et les réorganisations qu'elles nécessitent). Ne sont pas épargnés non plus par le surbookage, les cadres au forfait, ceux dont le temps n'est pas mesuré. Enfin, 64 % des cadres déclarent travailler trop, souvent dans l'urgence. C'est le manque d'effectifs qui paraît être à l'origine de ce surbookage (41 % des cadres). Cette appréciation sur le vécu professionnel des cadres doit être, cependant, nuancé par le fait que les trois quarts des cadres interrogés sont satisfaits de l'équilibre entre leur vie professionnelle et leur vie privée.

RTT : DE GRANDES DIFFÉRENCES DE CALCUL ET D'INTERPRÉTATION

Réduction du temps de travail, oui… mais avec autant, voire plus de travail. Mais au-delà des indications quantitatives, ces données mettent en lumière la difficulté générale, et personnelle, d'apprécier son temps réel de travail. Entre la durée légale du travail, le temps effectivement passé dans l'entreprise, les heures supp', le temps de formation, ce qu'il convient de compter comme travail, même si cela n'en n'est pas tout à fait,

© APEC - Éditions d'Organisation (Groupe Eyrolles)

et la réelle charge de travail au quotidien, il existe, en effet, de grandes différences de calcul et d'interprétation. Pourtant, le temps de travail est, pour qui veut dédier un « espace » au développement de sa carrière, mais aussi à son développement personnel, un paramètre qu'il importe de maîtriser. Notamment si, au-delà du temps qu'il consacre effectivement à son employeur, un salarié a besoin de réserver une partie de ses plages de loisir pour acquérir de nouvelles connaissances, se remettre à niveau, éviter l'obsolescence de ses compétences. Car, côté entreprise, il semblerait que la réduction du temps de travail ait amené certains DRH à reconsidérer le temps dédié à la formation. *« La compression du temps de travail ne favorise évidemment pas les plages consacrées à la formation. »*, souligne Lionel G., DRH d'un groupe informatique. Certains spécialistes pensent même que la nouvelle organisation du travail pourrait bien conduire les entreprises à responsabiliser, de plus en plus, leurs salariés en matière de formation. Moins directives, elles leur fixeraient des objectifs en termes de métier, tout en les laissant autonomes, quant à leur parcours de formation.

> Ne pas focaliser en permanence sur sa carrière, c'est aussi la gérer.

Voilà qui modifie sensiblement la donne. Est-il, en effet, facile de dédier le temps libre gagné à un apprentissage spécifique, hors de l'univers de l'entreprise ? Oui. À condition d'en avoir réellement la volonté. Car, compte tenu des charges – croissantes – de travail, bon nombre de salariés préfèrent, sans hésitation aucune, dédier le temps libre aux… loisirs. Malgré une détermination sans faille à mener sa carrière comme une entreprise, Flavie G., chef de publicité dans une agence de publicité n'est pas disposée à consacrer ce temps libre à travailler. «*Mon temps de travail dépasse très largement les horaires légaux. Quand il faut «boucler» une proposition pour un client, on ne compte plus les heures, ni de jour, ni de nuit. Donc, quand je ne suis pas à l'agence, je suis en vacances. Je ne travaille pas pendant mes heures loisirs.*» Un besoin de décompresser que la consultante Martine Jore, comprend et encourage: «*Savoir s'arrêter, ne pas se focaliser en permanence sur son travail ou sur sa carrière, c'est aussi la gérer.*»

Jean-Pierre M., salarié d'un groupe bancaire, a entrepris d'apprendre l'espagnol sur son temps libre. «*Autant par nécessité professionnelle que par envie de reprendre cette langue que j'avais négligée durant mes études. En fait, c'est venu presque par hasard. En surfant sur Internet, je suis tombé sur une formation en ligne qui paraissait intéressante. J'ai hésité et puis, je me suis jeté à l'eau. Ça n'est probablement pas aussi efficace qu'une formation in situ. Mais, le fait de pouvoir y travailler à n'importe quel moment de ma journée représente un avantage certain... Mais c'est vrai que, parfois, il faut se bousculer un peu...*»

S'AUTO-FORMER POUR SON PLAISIR, POURQUOI PAS ?

L'auto-formation, l'e-learning, sont généralement critiqués pour ces raisons. «*S'auto-former pour son plaisir, pourquoi pas. Mais appliquer, d'une manière ou d'une autre, le principe de l'auto-formation au monde du travail, je n'y crois pas.*», confie un consultant pour qui «*s'auto-former – pas n'importe comment – exige, outre la capacité de pouvoir sélectionner les formations proposées, une volonté à toute épreuve.*» C'est encore dans le domaine de l'apprentissage des langues que l'auto-formation rencontre le plus de succès. Mais, si le système permet effectivement un enseignement de base, nombre de spécialistes estiment qu'il montre bien vite ses limites tant l'usage d'une langue ne se perfectionne que dans... le dialogue. Ce que ne permettent ni les CD Rom, ni, surtout, les formations en ligne.

SE FORMER EN LIGNE, SE FORMER CHEZ SOI...

Tout en commençant à se faire une place, la formation en ligne se heurte encore à bien des obstacles. Le premier tenant à la difficulté de mettre du contenu en ligne. L'opération coûte cher, et même très cher, si l'on souhaite un minimum d'interactivité. C'est le problème que rencontrent les entreprises qui souhaitent mettre leur savoir faire à disposition de leurs salariés, *via* leur Intranet. Il n'en va pas différemment pour les écoles et les universités qui, bien souvent encore, ne proposent, en guise d'e-learning, que des « polycopiés » en ligne. Il est donc pas très étonnant que les premières formations en lignes proposées ne concernent que des apprentissages généralistes « basic », comme la bureautique et les langues étrangères. De leur côté, les entreprises qui tentent de formaliser leur savoir-faire et d'organiser des formations pointues, sur des process particuliers, par exemple, se heurtent parfois aux réticences des Directions de l'informatique qui redoutent de devoir *«greffer des Intranet sur des Extranet et de laisser la porte ouverte aux virus...»* Mais les freins n'empêchent pas les tentatives de se multiplier: trois universités de la région Pays de la Loire se sont unies pour proposer aux internautes des formations dans toutes les disciplines. France Télécom, Accor ou Siemens se lancent dans la commercialisation de leur «formation maison» en ligne. Mais, après cinq ans de fonctionnement, le MBA de l'ESC de Pau, garanti 100 % e-learning, a revu ses prétentions à la baisse: 50 % des cours ont, désormais, lieu dans les locaux de l'école.

LES FACTURES DE TÉLÉCOMMUNICATION RISQUENT D'EXPLOSER !

Autre obstacle au développement du e-learning, la technologie. Sans connexion à haut débit, il est difficile, voire impossible, de se former en ligne. Les délais de téléchargement sont dissuasifs et les factures de télécommunications risquent d'exploser! On peut penser, pour cette raison, que le cédérom a encore quelques beaux moments devant lui. Mais, la principale limite de la formation en ligne est le partage des avis sur son efficacité. *« On décroche vite, assure un expert. L'idéal serait la formation «tutorée» en ligne – avec, donc, la présence d'un formateur de l'autre côté du PC, qui interviendrait de temps en temps – complétée par du «présentiel» comme l'on dit dans notre jargon, ce qui implique de pouvoir se retrouver physiquement à intervalles réguliers. Bref, une formule somme toute pas très économique. »* Par ailleurs, de nombreux salariés craignent de devoir rester rivés à l'écran de leur ordinateur, prisonnier d'un système qui, par ailleurs, enregistre leurs performances. La formation en ligne peut donc être perçue comme un outil d'évaluation, voire de contrôle. Ces mêmes

Dominique de Calan, directeur général adjoint de l'UIMM
(Union des Industries et Métiers de la Métallurgie)

" Se former en juste à temps individualisé.

Pensez-vous que le temps libéré par la RTT puisse être, en partie, consacré à la formation, notamment grâce aux techniques du e-learning ?

D'une manière générale, il m'est difficile de conseiller un moyen de formation plutôt qu'un autre, alors que je ne connais pas l'objectif de la formation. Mais, il m'apparaît que dans une société où 80 % d'une classe d'âge possède le niveau du bac, la formation devient un outil utile pour répondre à des besoins d'acquisition de connaissances identifié et pressant. D'où l'idée : « Je souhaite pouvoir me former en juste à temps individualisé. » En « juste à temps » parce que je dois le faire quand j'ai l'esprit libre, quand j'ai du temps et « individualisé » parce que je souhaite que l'on tienne compte non seulement de mon niveau de formation initiale, mais aussi de mon expérience professionnelle et même associative. On pourrait nous opposer que ce type de demande n'est pas solvable, car il est vrai qu'une formation à la carte coûte plus cher qu'un menu. C'est la raison pour laquelle il faut oser parler d'argent. En effet, chacun doit savoir que lorsqu'on parle du coût de la formation, il y a en fait trois dépenses : le coût du formateur, le salaire du formé et enfin, on l'oublie trop souvent, la perte de production. Quant au temps libéré par la réduction du temps de travail, j'estime que lorsqu'on travaille 35 heures, on peut sans doute se former en dehors du temps de travail. Et supprimer, ainsi, deux des coûts précités (rémunération et perte de la production) permettant de rendre acceptable le coût réel de cette formation à la carte. Enfin, pour mettre en œuvre cette formation à la carte, il est évident que les techniques du e-learning apparaissent prometteuses.

MA VIE DANS L'ENTREPRISE

salariés craignent également qu'on exige d'eux qu'ils se forment à leur domicile (la France a dépassé les 10 millions d'internautes), tout seul (particulièrement en ce qui concerne les outils informatiques) et sur leur temps de loisirs. Donc, sur le temps de liberté gagné!

UNE FORMATION, C'EST AUSSI L'OCCASION DE FAIRE UN "BREAK"

Enfin, formation rime avec «break». Une occasion de quitter les tâches quotidiennes pour prendre un peu de recul, rencontrer d'autres salariés de son entreprise ou d'autres entreprises ce qui, en soi, constitue également un enrichissement certain. Mais, ce bilan en demi-teinte ne doit, cependant, pas masquer l'intérêt réel du e-learning et des formations proposées. Les plates-formes d'e-learning, à l'image de celles de deux poids lourds de la formation continue, Cegos (www.cegos-elearning.fr) et Demos (www.demos.fr) ou du nouveau venu (www.onlineformapro.com) se multiplient. Les sites d'informations et de services dédiés à la formation fleurissent également, comme Edubyweb, issu de BNP Paribas (www.edubyweb.com), Foragora, filiale de VUP (www.foragora.com), Elearnactu (www.elaernactu.com) ainsi que de nombreux sites non-marchands à l'instar de Thot (www.thot.cursus.edu) et du Préau (www.preau.asso.fr). Enfin, des sites spécialisés ont vu le jour comme le pionnier Formaguide et Formajob. L'e-learning connaît, certainement, des développements dans les années à venir. Retenons, cependant, qu'en 2001 (enquête annuelle Cadroscope Apec 2002), seuls 2% des cadres ont suivi une formation, *via* Internet!

Temps libre et formation… ça ne rime pas pour tout le monde. D'ailleurs, toujours selon l'enquête annuelle Cadro-

scope Apec, près de neuf cadres sur dix qui, ont suivi une formation en 2001, l'ont effectuée sur leur temps de travail.
Pourtant, et malgré toute l'application qu'elle requiert, la formation en dehors des heures de travail, n'est pas sans avantage.
*« Elle met en valeur l'autonomie du salarié, mais aussi sa déter-
mination et sa capacité à s'investir sur lui même,* estime Jean-
Marc M., formateur. *Mais, il doit s'agir d'un apprentissage
productif. »,* ajoute-t-il, jugeant que, dans certains cas, *« On
peut légitimement se demander si les gens entreprennent une
formation ou satisfont une intérêt personnel pour une langue
ou pour l'informatique, par exemple. »* Formation apprenante
contre hobby ? Pour Rémy Lesaunier, directeur d'ImpliQ, une
société informatique: *« Tout ce que l'on peut apprendre ou
entreprendre, y compris en dehors des heures de travail, est bon
à prendre. »*

Mais, on est encore loin de l'éducation pour tous, grâce à
l'Internet. Internet n'apporte pas de solution miracle: *« Les
outils de communication multimédia ont un rôle à jouer dans
la préparation d'une formation, pour travailler entre deux sessions ou pour l'accompagnement et le suivi. »,* note Marianne
C., consultante formatrice. Et puis, rappelle le formateur Jean-
Marc M.: *« La formation, en ligne ou pas, c'est d'abord et toujours du travail. »*

MA VIE DANS L'ENTREPRISE

UNE FORMATION
QUI DYNAMISE
UN PROJET

Traditionnelle, peut-être en ligne demain, la formation demeure le meilleur outil d'acquisition ou de perfectionnement des compétences, et des connaissances. Et donc, le meilleur allié de celui ou celle qui entend prendre une part active à la gestion de sa carrière. Reste à savoir quelle formation entreprendre, dans quel but et pour combien de temps ? *« Aujourd'hui, les entreprises investissent sur des formations apprenantes, qualifiantes. Elles se battent sur des marchés hyper-concurrentiels, fusionnent ou se séparent, et attendent de leur personnel qu'il soit réactif, mobile, performant*, précise Jean-Marc M. *C'est encore plus vrai dans les petites structures. Lorsque le responsable d'une petite entreprise accepte d'envoyer l'un de ses collaborateurs en stage, c'est qu'il souhaite, à court terme, lui confier de nouvelles missions. »*

Si le salarié qui cherche à développer des compétences particulières, a tout intérêt à entreprendre une formation « apprenante » ; si *« Toutes les formations sont bonnes à prendre »* parce que toute acquisition de connaissances constitue un nouvel atout pour le développement de sa carrière, la situation diffère selon que c'est l'entreprise ou le salarié qui est à l'origine de la formation (encore que l'on parle volontiers de co-investissement). *«Je ne vois pas comment, ni pourquoi, je refuserais une formation que me propose mon employeur.»*, remarque, à juste titre, Vincent L., jeune chargé d'études. Que ce soit à l'occasion d'une prise de responsabilité, d'une mobilité fonctionnelle, il semble, en effet, bien difficile de refuser d'aller de l'avant. Il en va différemment lorsque la demande de formation émane du salarié lui-même. *«À l'issue d'un bilan de compétences, il n'est pas rare que des individus souhaitent commencer une formation sur un domaine spécifique.»*, remarque Alain Boureau, consultant chez Leroy Consultants. Mais, ils ont tendance à se précipiter. Comme dans toutes les étapes du pilotage de carrière, la connaissance de soi, de ses besoins et de ses manques, est essentielle avant de se lancer dans une telle entreprise. De surcroît, il paraît risqué, voire inutile de se lancer dans une formation «apprenante», donc sur plusieurs semaines voire plusieurs mois, sans avoir, au préalable, bâti un projet professionnel et s'être assuré que ce projet rencontrera, à un moment ou à un autre, ceux de l'entreprise pour laquelle on travaille. Le droit au congé formation est reconnu par la loi, mais il vaut mieux effectuer cette démarche, en accord avec son employeur, ne serait-ce que pour éviter de devoir «payer» seul, une erreur. Aurore H., ex-consultante dans un cabinet de conseil en stratégie, devenue journaliste, en a fait l'expérience. *«J'ai entrepris ma reconversion professionnelle toute seule. Mon entourage professionnel, patron et collègues, ne comprenait pas que je puisse*

> « Je n'avais pas le droit de me "planter" comme on dit. »

© APEC – Éditions d'Organisation (Groupe Eyrolles)

Après la VAP, vive la VAE !

Ce n'est pas parce que vous avez quitté l'école sans bagage que vous ne pourrez jamais obtenir un diplôme de l'enseignement supérieur. Cela est, en effet, possible depuis les lois de 1984, puis de 1992 sur la validation des acquis professionnels (VAP). En clair, un salarié «formé sur le tas» et justifiant de cinq ans d'expérience peut présenter un dossier dans l'université de son choix et faire certifier ses compétences professionnelles. Seul bémol, si le candidat n'a pas à retourner sur les bancs de la fac, il doit souvent repasser quelques épreuves pour obtenir le précieux sésame.

En 2002, la loi de modernisation sociale complète, ce dispositif méconnu et fastidieux par la validation des acquis de l'expérience (VAE). Beaucoup plus souple, elle dispense totalement les salariés – qui doivent, désormais, justifier de trois ans d'expérience professionnelle – d'avoir à passer un examen. À titre d'exemple, un cadre qui aurait gravi un à un les échelons pour être promu DRH a ainsi la possibilité, au vu de son dossier, de décrocher un DESS en ressources humaines. Cette validation concerne tous les titres et les diplômes professionnels. Autrement dit, l'Éducation nationale n'est plus seule à «valider». Les ministères de l'Emploi, de l'Agriculture, de la Défense, mais aussi certains organismes privés de formation sont habilités à le faire.

vouloir changer de métier. Je n'avais donc pas le droit de me «planter» comme on dit, parce que, non seulement je devenais la risée de tous mes contradicteurs, mais je me serais trouvée contrainte de renouer avec mon précédent métier et de reconnaître que le temps, et l'énergie investis dans la réussite de ce changement l'avaient été en pure perte, reconnaît la jeune femme qui tient à préciser : « Mon désir de reconversion s'est *affirmé lors d'un bilan de compétences. Outre mes capacités rédactionnelles, j'ai pu découvrir que je possédais bien certaines qualités essentielles à l'exercice du métier de journaliste : un goût pour l'information, une objectivité certaine, une curiosité, une réactivité, un «petit» talent d'écriture... et, déjà, quelques articles publiés à mon actif... bref, je ne me lançais pas dans une formation longue sans de solides atouts. Mais, la partie n'était pas jouée pour autant : j'ai dû travailler longtemps en pige avant de pouvoir intégrer la rédaction d'un mensuel professionnel !»*

LA FORMATION, TOUT LE MONDE EST POUR...

Quand devient-il utile de suivre une formation ? «*Au moment où cela vous paraît possible !*», répond, sans ironie, un DRH. Dans le cas où la demande de formation émane du salarié, ce dernier va devoir convaincre son employeur de l'intérêt de la formation demandée. Intérêt pour l'entreprise, intérêt pour le salarié. «*Mais*, souligne un consultant, *il ne faut pas accepter de voir sa demande de formation différée sous prétexte que cela pourrait perturber le service dans lequel vous travaillez.*» Et de remarquer que dans bien des cas, «*La formation, tout le monde est pour, à condition que cela ne soit pas dans son service.*» Et, c'est d'autant plus vrai que l'absence prévue sera longue. Mais, il est vrai que si l'employeur ne peut s'opposer à une demande de congé individuel de formation (à condition, bien sûr, que le salarié remplisse les critères à savoir principalement, une présence d'au moins vingt-quatre mois dans l'entreprise), il peut le différer soit en raison du manque d'effectif, soit si le départ en formation est préjudiciable à la marche de l'entreprise. Et le risque de refus n'est pas nul.

Selon l'enquête annuelle Cadroscope Apec 2002, on remarque que de nombreuses disparités subsistent dans l'accès à la formation. Tout d'abord : des 37 % de cadres qui ont suivi une formation en 2001, 75 % en avaient fait la demande. Donc, si d'une manière générale, la demande de formation progresse ces dernières années (en 2001, plus de deux cadres sur cinq), la part des demandes satisfaites diminue. D'une année sur l'autre, ce sont souvent les mêmes cadres qui obtiennent des formations. Ainsi, plus de trois cadres sur cinq ayant suivi une formation en 2001, en avaient déjà bénéficié l'année précédente. Parmi les cadres les plus «formés», citons ceux travaillant dans les secteurs Commerce-Transports, Études-Conseil et Banque-Assurances. Sont généralement concernés : les plus jeunes, les docteurs, les salariés des plus grandes structures, les cadres ayant connu une mobilité récente en interne ou en externe – et donc, ceux dont l'ancienneté est la plus faible –, les non-encadrants. Pour la plupart, la formation suivie est en très bonne adéquation avec celle demandée, ainsi qu'avec le poste occupé («Techniques et méthodes professionnelles», «Informatique spécialisée») et les responsabilités exercées («Management et organisation»).

> En général, la formation suivie est en bonne adéquation avec celle demandée.

Mais, si la grande majorité des cadres qui ont suivi une formation la jugent utile (plus de huit cadres sur dix considèrent qu'elle leur a permis d'enrichir leurs compétences), ils s'accordent à ne lui reconnaître aucun effet direct sur la carrière : *«Promotion, augmentation de salaire, changement de poste ou de métier... Au-delà de son rôle vis-à-vis des besoins opérationnels immédiats et sur les compétences directement en*

Jean-Jacques Rosier, directeur de la formation du groupe BNP Paribas

" La formation garantit au collaborateur un sentiment de valeur personnelle.

La formation est-elle un atout pour les salariés de BNP Paribas?

Sans aucun doute. Au point que BNP Paribas a créé, il y a dix ans, un centre de formation, à Louveciennes. La formation s'avère indispensable au sein de notre groupe car, quel que soit le métier et la fonction qu'ils exercent, nos collaborateurs sont tenus d'être de vrais professionnels. Par ailleurs, les métiers de la banque (back office, services financiers, etc.) évoluent très vite. Sans formation, notre entreprise perdrait sa place de leader sur le marché. Et puis, la formation permet, en un minimum de temps, de transférer des compétences au moindre coût et cela a été rendu possible avec le centre de Louveciennes. Centre qui est, également, un espace d'expression qui favorise les échanges avec les salariés. Pour BNP Paribas, la formation est un espace de dialogue entre les participants, les formateurs et les dirigeants. C'est au sein de l'entreprise un lieu d'échange irremplaçable qui non seulement, donne un sens à l'action, mais aussi motive et resserre les équipes entre elles.

Quel type de formation les salariés du groupe peuvent-ils espérer suivre?

Vous l'avez compris, chez BNP Paribas, la formation est quasi-systématique. À travers elle, nous prônons quatre valeurs chères à l'entreprise : ambition, engagement, créativité et réactivité. Nous organisons à ce titre des sessions d'échanges pour que ces valeurs soient présentes dans tous nos métiers. Entre les formations «métier» et les formations «Corporate» ont été développées les formations, dites «transversales» qui concernent l'ensemble de nos collaborateurs sur des sujets collectifs. Il
.../

© APEC - Éditions d'Organisation (Groupe Eyrolles)

/...

y a «les collectives», destinées à l'apprentissage d'un process (management de projet, par exemple); celles consacrées au développement personnel: formations linguistiques, lecture rapide, etc. Croyez-moi, toutes ces formations connaissent un grand succès: nous n'arrivons pas à satisfaire toute la demande!

Qu'attendent vos salariés avec ces plans de formation?

Je crois, en tout premier chef, que nos plans de formation sont destinés à accompagner nos salariés dans leur vie professionnelle. Développer une politique de formation, c'est, d'abord, lutter contre la spirale de l'échec en empêchant le collaborateur de perdre confiance en lui-même. Un salarié à l'aise dans son travail est en toute logique productif et professionnel. Au premier niveau, la formation permet donc de mettre un cliquet de sécurité en jouant un effet tremplin. Elle multiplie les opportunités de créer, rebondir et dépasser ses compétences. Au second niveau, elle garantit au collaborateur un sentiment de valeur d'efficacité personnelle. En ayant une formation adaptée à ses besoins, le salarié se sent écouté et pris en considération par la hiérarchie. Il n'est plus un numéro, mais un acteur à part entière de l'entreprise.

œuvre, la formation continue ne joue quasiment aucun rôle dans l'évolution des carrières des cadres.», précise l'enquête de l'Apec!

Davantage de demandes, mais satisfaites en moins grand nombre... l'accès à la formation devient difficile. *«De toute manière, ce n'est jamais le bon moment pour demander une formation, surtout si elle implique des absences importantes.»*, ironise Aurore H. De fait, il est souvent difficile d'envisager de se séparer temporairement d'un collaborateur, sauf si l'entreprise trouve un intérêt direct et immédiat à la formation de l'un de ses salariés. *« La bonne stratégie, c'est de convaincre le DRH que l'on veut se former pour se développer dans l'entreprise. »*, résume Aurore. Là est la clé : pour accroître ses chances de développer une formation, il faut être

Montrez comment votre formation s'inscrit dans un projet d'équipe.

capable de montrer à l'entreprise le bénéfice qu'elle en tirera (une journée de formation coûte environ entre 700 et 800 €). Et, avant même de «vendre» votre formation, il vous faudra définir votre projet et vos objectifs. Recourir à un bilan de compétences ou une aide extérieure s'avère souvent indispensable. Si un projet de formation parfaitement défini a de grandes chances d'être validé par l'entreprise, il faut, dans un deuxième temps, savoir le présenter: *«Montrer comment votre formation s'inscrit dans un projet d'équipe... De quelle manière? Une présentation écrite, qui explique point par point votre projet professionnel dans l'entreprise et la place de la formation dans ce projet. Il faut être capable de lever les ambiguïtés, désamorcer les inquiétudes. Beaucoup de patrons d'entreprises émettent des réserves, parce qu'ils sont inquiets de voir le formé partir, ensuite, chez le concurrent. »*, explique Lionel G., DRH d'un groupe informatique. Car, outre son absence, il y a de forte chances – ou risques – que le salarié, une fois sa formation terminée, ne se transforme en un demandeur d'augmentation potentiel ou, pire, en démissionnaire en puissance, tenté d'offrir à la concurrence contre une substantielle augmentation de revenus, son nouveau savoir. *«Comme dans toute relation sociale, il faut privilégier la transparence. »*, estime un consultant.

ATTENTION À NE PAS COUPER TOUS LES PONTS

L'entrée en formation n'implique pas uniquement le salarié et sa hiérarchie. L'entourage professionnel est, également, concerné par une telle décision. *« À l'idée que vous puissiez devenir leur supérieur hiérarchique, certains collègues installent une certaine distance entre eux et vous. »*, prévient – il en a fait l'expérience – Pascal R., jeune patron d'un centre d'appels. Autre élément à prendre en compte lors d'un congé longue durée, l'éloignement de l'entreprise et, par conséquent, la difficulté du retour à l'issue de la période d'absence. *« J'ai coupé tous les ponts avec le journal et mes collègues, lors de mon année de formation au métier d'éditeur. J'étais tellement sûre que je ne les retrouverais pas... »*, explique Sabine S., qui était alors journaliste. *« C'était la seule solution pour me concentrer sur mon nouveau travail. Mais, une fois ma formation terminée, je n'ai pas trouvé assez rapidement du travail. Je suis revenue, un an après, au journal. La réinsertion a été pour le moins difficile, même si cette année passée dans un autre contexte m'a permis par la suite, de briguer et d'obtenir d'autres fonctions. »*, explique-t-elle. D'autres rebondissent de manière plus spectaculaire. Arnaud M., lui, n'a pas hésité, à l'issue d'un congé sabbatique, à démissionner de la société de services informatiques qui l'employait. *« J'avais besoin de m'éloigner, je n'étais pas satisfait de mon travail. Dans les derniers mois de mon congé, j'ai été approché par une autre société dans laquelle j'avais quelques amis. J'ai accepté leur proposition parce qu'elle correspondait précisément à mes projets : passer du côté du management des équipes. En fait, je n'ai pratiquement pas remis les pieds dans l'entreprise qui m'avait accordé ce congé ! »* Les choses se sont plutôt bien passée pour Arnaud. Mais, et dans tous les cas, il est fortement conseillé de préparer son retour en sachant qu'il sera peut être difficile. *« En une année, il se passe bien des choses dans une entreprise. Quand on revient, il y a de nouvelles têtes, certains liens hiérarchiques ont changé… et puis, il y a peut-être certains de vos camarades de travail qui vous en veulent d'avoir bénéficié d'une formation, alors qu'eux-mêmes étaient demandeurs. Rien de fondamental, mais un ensemble de petites choses qui nécessitent tout de même une nouvelle insertion. »*, remarque Sabine S.

QU'APPREND DONC CHRISTIAN DANS SON CLUB DE FOOT ?

Plutôt que de chercher à se former, d'autres investissent leur temps libre dans la vie associative. *« Il existe des tas de raisons personnelles à ce type d'engagement. »*, estime Christian J., cadre supérieur et « patron » d'un club de foot amateur. *« L'idée de prendre en main ce club n'avait rien à voir avec ma carrière. Mais, c'est vrai que cela permet de relativiser certains problèmes professionnels, et même relationnels, quand vous revenez au boulot le lundi. »* L'engagement et la passion illustrent, d'ailleurs, assez bien tout ce que la notion d'apprentissage peut « contenir »… Mais, qu'apprend donc Christian J., dans son club de foot, demanderont certains ? *« S'investir dans un univers différent de celui dans lequel on vit pendant la semaine, c'est un moyen de prendre du champ par rapport aux préoccupations de carrière. De les reconsidérer d'un œil plus calme. C'est aussi une excellente occasion de puiser de nouvelles énergies, de penser l'équipe de manière différente. Et puis, la vie associative est incontestablement l'un des meilleurs moyens de tisser des liens, d'enrichir ses réseaux… bref, autant d'ap-*

MA VIE DANS L'ENTREPRISE

ports nouveaux, originaux, qui, à un moment ou à un autre, trouveront leur utilité dans la vie professionnelle. », assure le formateur Jean-Marc M. Savoir s'engager « civiquement », assurer des responsabilités dans la vie associative... *« Cela fait partie des éléments d'appréciation de la personnalité, mais aussi des capacités d'initiative d'un salarié.* », explique Lionel G., DRH d'un groupe informatique. *« À condition que ces engagements ne prennent pas le dessus sur l'intérêt pour l'entreprise, ils sont, en général, perçus positivement.* », ajoute-t-il. De là à s'investir dans une association en vue d'ajouter des points à son brevet de « pilotage de carrière », il y a un pas que personne ne conseille de franchir. *« Ce sont des activités qui sont très consommatrices de temps et d'énergie*, affirme, en connaisseur, Christian J. *On ne peut respecter son engagement que si l'on y croit sincèrement !* »

À LIRE :

- «L'e-formation et reengineering de la formation professionnelle», par Philippe Gil, 2000, 177 pages, Éditions Dunod. 24,24 €

- «L'e-learning», par Sandra Bellier, 139 pages, collection «Entreprise et Carrières», Éditions Liaisons – Cegos. 14,94 €

- «Tout savoir pour se former : de la loi de 71 au e-learning», par Christophe Parmentier et Fouad Arfaoui, 2001, 416 pages, Éditions d'Organisation. 25,30 €

- «Construire son projet de formation», par Daniel Géraud et Jean-Jacques Joubert, 2002, 188 pages, Éditions Dunod. 19,50 €

- «Les petits secrets de la réussite», par Ernie Zelinski, 2002, 224 pages, Stanke. 11,00 €

- «Le sacre du temps libre», par Jean Viard, 2002, 214 pages, L'Aube. 12,82 €

- «Temps de travail et temps libre», par C. Durand et A. Pichon, 2000, 320 pages, De Boeck. 33,31 €

- «Se former soi-même», par Philippe Gabilliet et Yves de Montbron, 1998, 214 pages, ESF. 21,19 €

STRATÉGIE

> CHOISIR UNE FORMATION

Pourquoi envisage-t-on de suivre une formation ? Pour pouvoir accéder à de nouvelles responsabilités, pour envisager une possibilité de se reconvertir, pour apprendre une langue, pour réussir une mobilité, pour diminuer le taux d'échec, par intérêt personnel... En fait, les motivations sont nombreuses. Mais, quelles que soient les raisons qui, un jour, vous amènent à devoir entreprendre une formation, l'objectif reste presque toujours le même : « La formation est avant tout « un moyen pour réduire un niveau d'incertitude » pour reprendre le mot d'un spécialiste. Réduire un niveau d'incertitudes ou augmenter ses chances de réussir en acquérant de nouvelles connaissances, de nouveaux savoir-faire, de nouveaux savoir-être... Bref, la formation est un moyen d'accroître ses possibilités d'action et de compréhension. C'est dire que la notion s'étend bien au-delà des seuls cycles, cours ou stages... de formation. C'est vrai que l'on peut aussi se former par la lecture, la recherche, l'observation, la pratique... En revanche, ce qui distingue la formation telle qu'elle est pratiquée dans le cadre de la scolarité, de celle des adultes, c'est que ces derniers possèdent déjà un capital d'expérience, de connaissances et des attentes spécifiques.

Deux éléments sont à prendre en compte dans le choix d'une formation : les **caractéristiques de la formation**, c'est-à-dire son contenu, les méthodes pédagogiques utilisées et **vos attentes** qui dépendent de vos caractéristiques personnelles et des objectifs que vous poursuivez (bilan et projet professionnel).

Pour la formation elle-même, on distingue trois champs possibles : le domaine du **savoir** (qui se rapporte aux connaissances apportées), celui du **savoir-faire** (expérience) et celui du **savoir-être** (personnalité).

Les **formes pédagogiques,** quant à elles, vont des méthodes didactiques plus directives (avec participation peu développée des stagiaires) à des méthodes non-directives qui s'appuient largement sur la participation active du groupe. Plus le domaine de la formation est de l'ordre du savoir, plus une forme directive est pertinente. À l'inverse, plus on est dans le domaine du savoir-être, moins les formes directives conviennent. Enfin, la formation envisagée peut proposer divers objectifs pédagogiques. On distingue trois niveaux :

– **le niveau d'initiation :** c'est généralement le cas pour des formations d'une durée de quelques jours.

– **le niveau de compréhension** du langage ou de la technique, pour des stages de quelques semaines à quelques mois.

– **le niveau de maîtrise technique** ou de qualification pour lequel il faut compter quelques mois, voire plusieurs années.

En tant que candidat au pilotage de carrière, ces trois points sont importants pour vous : vos objectifs, le contenu que vous recherchez et ce que vous êtes prêts à investir. Les objectifs que

MA VIE DANS L'ENTREPRISE

© APEC - Éditions d'Organisation (Groupe Eyrolles)

vous poursuivez en entreprenant une formation doivent pouvoir s'exprimer en termes de résultats escomptés (une mobilité réussie, une prise de responsabilités, un repositionnement sur le marché), de possibilités de compréhension et d'actions accrues. Tenant compte de votre capital compétences, de vos motivations, ces résultats doivent être cohérents avec votre projet professionnel. En ce sens, on peut dire que l'équation suivante doit se vérifier :
Bilan professionnel + acquis de la formation = projet professionnel.
Ces résultats doivent tenir compte enfin, de votre marché et de ses exigences.

N'oubliez pas qu'une formation est un investissement en argent, en temps passé, voire les deux. Comme pour tout investissement, il convient d'en calculer la rentabilité et, plus particulièrement, lorsqu'il s'agit de choisir entre deux formations possibles.

Source : Méthode Déclic, Apec

Chapitre 8

MON EMPLOYEUR ET MOI...
UNE COMMUNAUTÉ D'INTÉRÊT

JE RÈGLE MON PAS SUR LE PAS DE MON ENTREPRISE

D'un côté, des salariés qui expriment leurs souhaits d'autonomie, de responsabilité, de mobilité. Quitte, parfois, à suivre au pied de la lettre des encouragements au changement qui ne sont que l'expression de l'air du temps. Et risquer, ainsi, le va-tout. De l'autre côté, des directions des ressources humaines tentées de répondre favorablement aux souhaits d'évolution de leurs troupes, surtout si ces souhaits rencontrent, à un moment ou à un autre, les leurs. Comment DRH et salariés concilient-ils leurs intérêts réciproques ? Comment les entreprises encouragent-elles l'autonomie quand certains salariés n'attendent que d'être pris en charge ? Et comment, dans ces conditions, parler de pilotage de carrière ?

DÉVELOPPER, AVEC SON ENTREPRISE, UNE COMMUNAUTÉ D'INTÉRÊT

« **A**ussi perfectionnée soit la technologie, aucune activité ne créera de la valeur si, humainement, rien ne suit. Une entreprise dont le personnel est mal dans sa peau est une entreprise qui ne vaut pas grand-chose. », affirment Leif Edvinsson, vice-président du groupe suédois Skandia et Michael Malone, spécialiste de l'entreprise, auteurs d'un livre intitulé « Le capital immatériel de l'entreprise »[1]. Dédié à la mise en valeur du « capital caché » de l'entreprise, cet ouvrage élève au rang d'élément d'actif, les ressources humaines. Mais, comment considérer les ressources humaines

---

(1) Source : Maxima. Laurent du Mesnil Éditeurs. 2001.

202

comme un élément d'actif de l'entreprise, dès lors que les sala-riés outre une tendance affichée à ne plus vouloir tisser des liens durables avec leur employeur, nourrissent l'ambition légitime et maintenant encouragée par leurs hiérarchiques, de piloter, eux-mêmes, une carrière qui désormais, précisent-ils, leur appartient. Pour autant, cela ne signifie pas qu'il y ait opposition entre les projets des uns et des autres. Bien souvent même, il y a communauté d'intérêts : ne parle-t-on pas de co-pilotage, voire de co-investissement pour la formation… déci-der de prendre en main sa destinée professionnelle, c'est, bien sûr, se montrer attentif à l'évolution de sa rémunération, mais aussi à l'intérêt des responsabilités exer-cées et, comme le souligne l'enquête annuelle Cadroscope Apec, aux condi-tions de travail. Selon l'Apec, cette préoc-cupation s'accentuerait même. Au point

Les jeunes veulent privilégier l'intérêt au travail.

que la crainte de la dégradation des conditions de travail arrive au même rang que l'évolution de la rémunération dans les pré-occupations des cadres. Plus la charge de travail est grande, plus la crainte de la dégradation des conditions de travail est préoccupante, souligne l'Apec. Une préoccupation qui s'ac-croît avec l'âge mais qui, curieusement, ne semble pas avoir d'incidence sur la volonté de mobilité des cadres. Reste, comme le confirme André Dessarthe, directeur des ressources humaines du groupe Cegelec, que *« les nouvelles générations sont beaucoup plus exigeantes que leurs aînées en terme d'inté-rêt pour leur travail. C'est plutôt une bonne chose, car cela nous oblige à mettre en place des programmes de formation perfor-mants pour être compétitif vis-à-vis de notre personnel. »* Com-pétitif vis-à-vis de « son personnel », c'est-à-dire être toujours en mesure de lui proposer aussi bien, voire mieux, que ce que les entreprises concurrentes proposent à leurs salariés. En quelques mots, «*rester une entreprise apprenante*».

AU FINAL, C'EST TOUJOURS L'INTÉRÊT DE L'ENTREPRISE QUI COMPTE

À première vue, le constat semble positif. Mais, il semble que l'entreprise réponde d'autant plus favorablement aux souhaits d'autonomie, de mobilité, de responsabilité exprimés très vivement par les plus jeunes générations, que ce refus de l'immobilisme, de la répétition des tâches, correspond également à ses propres attentes. Engagées dans une compétition d'autant plus rude qu'elle s'élargit au monde entier, les entreprises ont un besoin de flexibilité. Et pas seulement en termes de temps et de travail, mais aussi des tâches et, par conséquent, des organigrammes. «*Les grands groupes doivent miser sur une plus grande mobilité de leurs salariés. Les rachats, les fusions, les ventes nous obligent à nous approprier un périmètre en permanente évolution. Même si la stratégie à long terme reste parfois difficile à distinguer*, analyse Jacques de G., cadre supérieur dans un groupe de BTP. *Mais*, poursuit-il, *l'organisation des ressources humaines n'a pas changé autant qu'il y paraît. Je ne suis pas certain que l'on ait davantage la liberté de guider sa carrière aujourd'hui, qu'il y a quelques années. Au final, c'est toujours l'intérêt de l'entreprise qui compte. En revanche, je remarque une certaine volonté de transparence au niveau de certains enjeux. À nous de saisir les opportunités.*» Et, il est certain que cette nécessaire flexibilité encouragera les entreprises à recruter des salariés qui ont envie de «*vivre une vraie vie d'entreprise*», comme le souligne ce DRH, qui ajoute: «*Cette vraie vie d'entreprise sera placée sous le signe de la mobilité qui constituera l'un des piliers de toute aventure professionnelle.*»

Le pilotage de carrière : calcul et... opportunisme ?

Bien des salariés pilotent leur carrière en l'ignorant. Jacques F., 43 ans, ingénieur de formation et cadre supérieur chez l'un des deux grands du BTP français, a effectué l'ensemble de son parcours au sein de la même entreprise. Centralien, il a évolué en France et à l'étranger, effectuant un parcours plutôt réussi. Et pourtant, lorsqu'on le qualifie de «pilote de sa carrière», il commence par récuser le terme : *«On peut croire au déterminisme, lorsque l'on sort de l'école et que le monde s'offre à vous, mais cela ne dure pas longtemps.»*, affirme-t-il. Si piloter sa carrière consiste à prévoir, à très long terme, toutes les évolutions, toutes les possibilités, *«Alors non, je ne pilote pas ma carrière.»*, estime-t-il. De son côté, Antoine S. qui travaille dans l'industrie pharmaceutique semble carrément réfuter l'idée de pilotage de carrière : *«Un pilote de sa carrière... je vois quelqu'un qui est obsédé par son travail,*

dévoré d'ambitions... Je ne me reconnais pas dans ce modèle.», affirme-t-il. Jacques F. et Antoine S. ne seraient donc pas à classer dans cette catégorie de salariés autonomes même si leur parcours est à l'image de ceux que modélise la presse économique. Après réflexion, ils modèrent cependant leur jugement. *«Je pilote ma carrière dans la mesure où je ne me laisse pas porter par les événements.»*, précise Jacques F., tandis qu'Antoine S. avoue : *«Quand je ressens le besoin d'évoluer, alors peut-être que, pendant une durée déterminée, je pilote ma carrière.»* L'un comme l'autre reconnaissent naviguer, sinon à vue, du moins à relativement court terme. *«Honnêtement, un parcours comme le mien relève au moins autant de l'opportunisme que du calcul. Mais, il se peut que ce soit justement cela, piloter sa carrière : un mélange des deux.»*, conclut Jacques F.

Professeur à l'Essec et à l'École Nationale des Arts et Métiers, Maurice Thévenet est un spécialiste de la gestion de carrière. Pour lui, cette notion de mobilité s'inscrit dans une tendance générale de la société qui dépasse très largement le seul contexte de la vie professionnelle. *« Une sensation diffuse qui fait que les salariés ont l'impression qu'il leur faut changer de poste ou d'entreprise régulièrement. »* À tel point que lorsque, pour quelque raison que ce soit, ce mouvement n'est plus possible, *« cette impossibilité de bouger est alors perçue comme un incident de carrière ».* Quant aux entreprises, il convient de décrypter leur attitude : *« À vous de gérer votre carrière. »*, conseillent-elles à leurs salariés. Autrement dit : *« N'attendez pas que la bureaucratie décide pour vous ».* Mais, cette attitude ne signifie pas que les entreprises se débarrassent de la question. Elles ne peuvent, tout simplement, pas prendre un certain nombre de décisions pour le compte et à la place des salariés ».* Il importe donc que ces derniers deviennent autonomes tout en comprenant bien le sens de cette autonomie. *« Pour beaucoup, l'autonomie, cela signifie : "J'ai envie qu'on me laisse tranquille !" Ce qui est très différent d'une volonté de prendre en main sa carrière. »*, remarque Maurice Thévenet. D'où le rôle difficile, mais crucial, des DRH qui ont le devoir de gérer, d'un côté cette volonté d'autonomie de leurs salariés et, de l'autre, *« une attente très forte de l'entreprise à l'égard de ces mêmes salariés ».* Côté salariés, la même ambiguïté est perceptible : *« Certains rejettent l'idée de pilotage, parce qu'ils l'assimilent au carriérisme, autrement dit à la manipulation, au calcul, tandis que d'autres y voient une idée de progression ».*

> Pour beaucoup, l'autonomie cela signifie : « J'ai envie qu'on me laisse tranquille. »

Aujourd'hui, ce désir d'autonomie, cette volonté de piloter sa carrière, encouragés ou pas par l'entreprise, sont très présents, notamment chez les plus jeunes. Ce qui n'est pas très surprenant: *«À 25 ans, envisager de piloter sa carrière est naturel. À la limite, c'est le contraire qui est inquiétant. Plus tard, on se rend compte que les choses sont moins évidentes. L'autonomie est un apprentissage. Elle ne peut se développer que si l'entreprise est dotée d'un vrai service de gestion de carrière.»*, assure Maurice Thévenet. Un certain nombre de grands groupes ont mis en place des comités de pilotage de carrière, même si, dans les premiers temps, ils ont tendance à ne concerner que le top management, les hauts potentiels. À des niveaux de moindre responsabilité, les moyens dédiés à l'organisation des carrières sont plus restreints même si les grandes structures se sont données les moyens d'organiser le marché de l'emploi en interne, aidées en cela par le développement des Intranet. Saint-Gobain, Thalès ou Pinault-Printemps-La Redoute (PPR) pour ne citer que les pionniers, développent des services accessibles à tous et qui visent à favoriser la mobilité. Mais ces initiatives, utiles, ne doivent, cependant, pas dispenser les salariés du nécessaire travail de veille sur les possibles mouvements de personnel. Il y ont tout à gagner, à commencer par l'assurance de ne pas se trouver dépasser par les événements... Pour preuve, les salariés les mieux informés de l'état du «marché de l'emploi interne», ceux qui ont su se construire un réseau efficace. Ils sont très souvent informés d'une opportunité avant même quelle ne fasse l'objet d'une publication. Mieux encore, ils utilisent leur réseau pour appuyer leur candidature, auprès de la hiérarchie, la DRH ou la Direction générale.

RESPECTER LES TERMES D'UN CONTRAT GAGNANT- GAGNANT

l n'y a pas si longtemps, les DRH étaient des « directeurs du personnel ». La dimension « humaine » des ressources humaines commence tout juste à être véritablement prise en compte. Il ne faut pas sous-estimer le conservatisme qui règne encore dans bon nombre d'entreprises, pour lesquelles il n'y a de mobilité que si elle correspond à leurs intérêts. Ce n'est pas parce qu'un salarié souhaite bouger, changer, et de manière impatiente quelquefois, qu'il sera entendu. La mobilité, le pilotage de carrière, se construisent de plus en plus sur un contrat gagnant-gagnant entre le salarié et son employeur.", explique François M., consultant, qui reconnaît que la gestion des carrières reste, en France, l'apanage de certains grands

MA VIE DANS L'ENTREPRISE

groupes et n'est, dans la plupart des cas, dédiée qu'à l'encadrement supérieur, rarement au middle management. *« Les entreprises devraient miser davantage sur le développement personnel de leurs salariés qui sont, pour partie, garants de leur compétitivité. Il n'y a pas de problème technique, il n'y a que des problèmes humains. »*, affirme le consultant.

Alexis D., cadre dans un groupe bancaire regrette que les relations avec la DRH aient toujours été limitées à leur plus simple expression : *« À chacun de mes changements, le dialogue s'est établi directement avec mes futurs responsables. La DRH n'a fait qu'entériner des décisions qui avaient déjà été prises. »* Plus grave, mais de moins en moins vrai, dans certains cas encore, la Direction des ressources humaines ne se manifeste que lorsqu'il y a problème. Et l'on appelle gestion du personnel ce qui se résume quelquefois à une simple réduction des effectifs. Ancien trader, Jean-Louis H. se souvient : *« J'ai découvert qu'il y avait une DRH au moment où il y a eu des rumeurs, fondées par la suite, de licenciements. »* Dans ce genre de situation, évidemment, l'idée même du pilotage de carrière n'est plus vraiment à l'ordre du jour !

"NOUS NE SOMMES PAS LÀ POUR FAIRE LE BONHEUR DES SALARIÉS !"

Fort heureusement, certaines entreprises à l'instar de Cegelec, misent sur un suivi attentif du parcours de leurs salariés afin de pouvoir anticiper et organiser les mobilités : *« Théoriquement, nous procédons à des évaluations de compétences, tous les ans. Dans la pratique, tous les deux ou trois ans. De trop fréquentes évaluations risquent de déstabiliser les personnels qui peuvent se sentir remis en question au niveau de leurs compétences. »*, explique André Dessarthe. D'autres souhaite-

Martine Kort, consultante animatrice des Bilans «Perspectives» de l'Apec

" Les bons conseils sont souvent les bonnes questions !

– Diriez-vous que vous changez pour quitter ce que vous avez aujourd'hui ou pour obtenir quelque chose d'autre et pourquoi ?

– Quels seraient les trois éléments essentiels que vous regretterez ? Et ceux que vous serez satisfait de quitter ?

– Êtes-vous en mesure de dire ce qui ferait que le contenu de votre prochain poste et votre future entreprise vous satisferait ?

– Pouvez-vous formuler, de façon claire, votre axe de développement à un, deux, trois ans ?

– Êtes-vous capable de nommer vos trois principaux domaines de compétences ? Et vos points de progrès ?

– Savez-vous tirer des enseignements de vos échecs ?

– Pouvez-vous aujourd'hui identifier vos critères de choix pour votre futur poste ?

– Vous êtes-vous déjà demandé, quelle est l'image que les autres ont de vous ?

Source : Apec, «Perspectives» 2002

raient sûrement simplifier à l'extrême toutes ces questions d'évolution professionnelle : *« Nous ne sommes pas là uniquement pour faire le bonheur des salariés. »*, admet un DRH.

Un aveu cynique – ou lucide – qui met en lumière le rapport de force, mais aussi de séduction, qui gouverne les deux parties. Dans la logique de son raisonnement, ce DRH reconnaît même : *« Tous les systèmes de formation, toute la logistique des ressources humaines que nous mettons en place tend à satisfaire nos besoins, ceux de l'entreprise tout en répondant, en apparence, aux désirs de mobilité du personnel»...* En d'autres termes, chacun fera selon son propre intérêt. Ainsi, l'entreprise peut fidéliser ses meilleurs éléments en entretenant leur motivation au travers de la formation, du salaire ou de la mobilité. Les salariés, quant à eux, pourront profiter de ces opportunités et ces dispositions pour jouer leur carte personnelle. Mais, ajoute sur le mode de la dérision, Joël M., jeune chef de projet dans une société de services informatiques: *«Personne n'est dupe. Si j'obtiens une formation sur un nouvel outil, c'est, en général, pour deux raisons: d'une part, pour devenir plus performant – généralement dans le cadre d'une évolution programmée. Et, d'autre part, – mais ce n'est pas la raison la plus importante – pour être moins tenté d'aller voir ailleurs.»* Peut-être! Mais, la formation reste l'une des cartes-maîtresses des candidats au pilotage de carrière. Les cadres ne s'y trompent pas puisque, selon l'enquête annuelle Cadroscope Apec, ils sont près de 40 % à en profiter. De leur côté, les entreprises ont augmenté leurs investissements dans ce domaine avec un net progrès de la part des PME et une augmentation régulière des grands groupes. *« La formation fait, désormais, partie intégrante des instruments de gestion de carrière et les nouveaux moyens mis en œuvre par les entreprises trouvent leur écho dans l'opinion d'une partie des cadres quant à l'entretien de leur employabilité et de leurs compétences par ce biais. »*, note l'Apec dans son commentaire de l'étude «1990/2000, Les cadres en mutation». L'association prend soin, toutefois, de noter que: *« La très grande majorité des formations fait suite à une demande des cadres. »* et que *« La proportion de demandes non-satisfaites tend à augmenter. On peut conclure,* explique

l'Association, *que plus il y a de cadres qui accèdent à la formation, plus la demande augmente et plus le risque qu'elle ne soit
pas satisfaite, augmente lui aussi!* » Et, parmi des raisons de ne
pas satisfaire cette demande de formation, il peut y en avoir de
tous ordres. Comme celle évoquée par le patron d'une petite
entreprise d'audiovisuel visiblement échaudé et qui ne veut
plus *« former des salariés pour, qu'ensuite, ils filent chez les
concurrents »*.

BIEN DANS SA PEAU, ON ÉVOLUERA MIEUX

Le premier devoir du candidat au pilotage de carrière consis-
terait-il donc à rechercher et préserver un équilibre d'intérêt
entre les deux parties d'un contrat que chacun souhaite
gagnant-gagnant ? À régler, pour paraphraser le titre du film de
Rémi Waterhouse, son pas sur le pas de son entreprise ? À
coup sûr. Mais pas seulement, car, outre les deux parties impli-
quées, salarié et entreprise, d'autres paramètres doivent être
intégrés comme la conjoncture, l'environnement, les marchés,
la concurrence… L'entreprise évolue. Elle peut donc connaître
des périodes de croissance, mais aussi de récession. Et, il en va
de même pour, le salarié. Par exemple, *« Celui qui est bien dans
sa peau négociera plus facilement un virage professionnel que
celui qui, et peu importe la raison, n'est pas au mieux de sa
forme psychologique. »*, indique un consultant. Mais, dans bien
des cas, c'est précisément parce que l'on ne se sent pas vraiment très heureux, responsable ou performant dans son
métier, son service ou son entreprise, que la nécessité d'évoluer
s'impose. La négociation n'en est alors que plus délicate :
*« Après cinq années plutôt positives, j'ai décidé de quitter le
groupe qui m'employait, parce que je souhaitais évoluer profes-*

Sandrine Gratadour, DRH de Futur Télécom

Des cadres "responsables".

Ne culpabilise-t-on pas les cadres à trop leur répéter qu'il leur appartient de prendre leur avenir en main ?

Je pense qu'il s'agit davantage de responsabiliser les cadres que de les culpabiliser. Si des générations de salariés ont construit leur carrière sur le principe du « mérite », il en va autrement aujourd'hui. Les cadres ont une responsabilité à l'égard de leur propre carrière. Mon rôle de DRH, consiste à mettre à leur disposition des outils qui permettront de faciliter leurs évolutions professionnelles.

Les cadres des années 2000, continuent-ils de penser que c'est à l'entreprise qu'il appartient de gérer leur carrière ?

Certains cadres font effectivement preuve d'attentisme, comptant sur l'entreprise pour trouver des solutions à l'aménagement de leur carrière, au lieu d'adopter une démarche engagée et prospective. Or, dans un secteur aussi évolutif que les télécoms, certains éprouvent des difficultés à progresser aussi vite que la structure qui les emploie et choisissent de conserver les mêmes fonctions au sein d'une autre entreprise. Il n'est, cependant, pas question de faire évoluer tous les profils « carriéristes » : nous n'avons pas que des responsables d'encadrement !

Quel est le rôle du DRH dans le pilotage individuel de carrière ?

Il intervient comme un co-pilote. Le DRH est là, d'une part, pour identifier les besoins de l'entreprise à moyen terme ; de l'autre, il assure la gestion des potentiels au fil des différentes étapes d'évaluation (recrutement, entretiens annuels, etc.). Son rôle de co-pilote est d'identifier les possibilités d'évolution du cadre en fonction des opportunités offertes par l'entreprise. Le DRH joue à la fois un rôle d'orientation et d'information...

sionnellement. Il me fallait un nouveau challenge. Sans doute, n'ai-je pas été en mesure de l'exprimer clairement, mais je n'ai pas non plus rencontré beaucoup d'écoute. La rupture n'a, d'ailleurs, pas été facile, se souvient Anne-Élizabeth C., responsable logistique. *«Avec le recul, je peux même dire que nous avons eu, l'entreprise et moi, un dialogue de sourds : j'attendais de la DRH qu'elle m'aide à clarifier un projet en accord avec les siens, qu'elle m'éclaire sur des besoins futurs. En fait, la DRH, elle, souhaitait avant tout rencontrer quelqu'un de battant, quelqu'un qui avait déjà mûri son projet, qui savait où il voulait aller, une force de proposition... mais pas en l'air, des propositions concrètes... ! »*

LES BONNES POLITIQUES RESSOURCES HUMAINES SONT RARES

L'entreprise d'Anne-Élizabeth attendait sûrement qu'elle se comporte en «pilote de sa carrière». Qu'elle formule ses ambitions certes, mais qu'elle sache également *«évaluer sa valeur ajoutée»,* comme le disent certains DRH. C'est-à-dire qu'elle ait *«apprécié»* ce qu'elle apporte à son entreprise en termes de compétences, d'animation d'équipe, d'innovation... En fait, qu'elle se comporte en offreur de services au sein de sa propre entreprise, plutôt que d'attendre de cette dernière qu'elle lui dessine un avenir. Il ne suffit pas de vouloir maîtriser son destin professionnel, il faut aussi manifester sa capacité à se prendre en charge. Autrement dit, faire preuve de réelle autonomie. Ambiguïté, car il est, également, de la mission des DRH d'encourager les salariés à devenir des professionnels autonomes. Les encourager, c'est-à-dire leur en donner les moyens. Comme l'explique Maurice Thévenet, professeur à l'Essec et au Conservatoire national des Arts et Métiers, spé-

MA VIE DANS L'ENTREPRISE

cialiste de la gestion du personnel: «*Une bonne politique de ressources humaines consiste finalement à amener les salariés à se prendre en charge. C'est un pari difficile, car il suppose de faire prendre conscience aux salariés de ce qu'ils sont capables de faire, ce qui est un énorme travail. Aussi, les bonnes politiques de gestion des ressources humaines sont-elles rares.* »

JE VEUX ÊTRE AUTONOME, MAIS UN PEU ASSISTÉ AUSSI !

Le rapport entre la Direction des ressources humaines et le salarié qui veut piloter sa carrière n'est pas simple. *« Beaucoup de salariés ont une exigence en termes d'évolution professionnelle. Mais, dans le même temps, ils attendent que nous leur proposions une palette de solutions. Or, ce n'est pas souvent possible. D'où une évidente frustration. »*, explique un peu amer, Raymond S., directeur des ressources humaines dans la grande distribution. Dans une structure beaucoup plus petite, Michel O., président d'une société informatique, procède deux fois par an à des évaluations. *« Lorsque votre entreprise ne compte qu'une dizaine de salariés, il n'y a pas de faux-semblants. J'ai même fait preuve, récemment, d'un peu trop de sévérité à l'égard de l'un des développeurs. Sur le fond, je n'ai rien à reprocher à son travail. Mais, c'est quelqu'un qui se comporte comme un exécutant, arrive et repart à l'heure sans jamais* *prendre aucune initiative. Il souhaitait, non seulement, une augmentation – que je lui ai finalement accordée –, mais aussi une évolution au sein de sa fonction. J'ai dû lui expliquer que ce n'était guère possible, ni même souhaitable compte tenu de son manque d'autonomie. Il vient de m'annoncer qu'il quittait la société.* » Bon réflexe, penseront certains. Voilà un salarié qui gagne sur les deux tableaux : il réussit à quitter son entreprise tout en étant augmenté. Du pilotage de carrière ?

LES SALARIÉS RAISONNENT À DEUX OU TROIS ANS...

À première vue, seulement. Mécontent des conditions dans lesquelles il évolue, ce salarié a le courage de quitter son entreprise pour se lancer dans une nouvelle aventure. Mais, dans le même temps, il ne s'est pas réellement donné les moyens d'évoluer. À l'aide d'une formation, par exemple. Une évolution en interne aurait été plus facile à entreprendre et, le jour venu, lui aurait sans doute permis de quitter un employeur pour un autre avec davantage d'acquis et de sécurité !

On comprend, alors, tout l'intérêt des programmes que mettent en place les entreprises pour former leurs salariés ou les inciter à effectuer une mobilité interne. *« Le plan d'évolution à cinq ans est une solution efficace, mais lourde et relativement longue à mettre en place. Nous y travaillons, mais ce n'est pas encore au point chez nous,* explique André Dessarthe, du groupe Cegelec. *Dans l'absolu, c'est une formule idéale,* note un autre directeur des ressources humaines. *Dans la pratique, il est délicat de le suivre à la lettre. Sauf à effectuer une très grande décentralisation pour pouvoir être véritablement efficace. »* Pour d'autres, c'est la durée elle-même qui paraît trop

Les trois "PAM" de l'Apec (Programmes d'Accompagnement Mobilité) pour les cadres.

L'Apec met à la disposition des cadres des Programmes d'Accompagnement Mobilité (interne ou externe) adaptés à chaque situation et à chaque besoin. À l'occasion de votre premier entretien, un consultant Apec vous orientera vers l'un des programmes suivants : PAM 1 ou PAM 2 pour les cadres risquant de perdre leur emploi et PAM 1 ou PAM 2, PAM 3 pour les cadres en réflexion.

Le PAM 1. Vous explorez le marché pour finaliser et argumenter votre projet, vous validez les cibles liées à votre projet de mobilité avec votre consultant et vous prospectez le marché pour concrétiser votre projet de mobilité, tout en restant en contact avec votre consultant pour faire le point régulièrement sur les actions menées et procéder aux ajustements nécessaires. Vous pouvez, également, participer aux ateliers *«Présentez votre offre de services»* : tester votre argumentaire en le présentant aux autres participants à l'atelier ; et/ou *«Prospectez»* : approfondir les modes d'utilisation de votre réseau pour identifier des opportunités.

Le PAM 2. Le consultant Apec vous propose trois possibilités : **formaliser votre projet** avec l'aide d'un consultant à partir d'un support remis à la fin du diagnostic ; **suivre une prestation «Perspectives» Bilan de Compétences** en groupe pour valider votre projet d'évolution professionnelle dans le cadre d'un séminaire de cinq participants maximum pendant deux jours, plus une journée un mois plus tard ; **entamer une prestation «Perspectives» Bilan de Compétences individuel** : le travail s'effectue, cette fois de façon individuelle, en face-à-face avec le consultant, au cours de cinq entretiens échelonnés sur deux mois. Il fait, également, l'objet d'un suivi à six mois. En option, les solutions facultatives et adaptables à une démarche de mobilité externe ou interne : **exploration du marché** avec le consultant pour finaliser et argumenter votre projet ; **validation des cibles liées à votre projet** de

---

mobilité avec le consultant; **prospection du marché** pour concrétiser votre projet de mobilité en relation avec votre consultant; participation aux ateliers «*Présentez votre offre de services*» et/ou «*Prospectez*».

Le PAM 3. Pour les cadres actifs ayant au moins cinq ans d'expérience professionnelle souhaitant évoluer, mais qui n'ont pas encore de projet de mobilité professionnelle). Le PAM 3 propose un **bilan « Orientation »** qui vous aide concrètement à choisir vos axes d'évolution professionnelle et construire un projet de mobilité, ainsi qu'un plan d'action pour le mettre en œuvre. Ce bilan «Orientation» regroupe sept participants maximum pendant cinq jours. Une 6e journée est prévue trois mois plus tard pour finaliser le projet et ajuster le plan d'action. En option, les solutions facultatives et adaptables à une démarche de mobilité externe ou interne proposées au PAM 2.

---

longue, inadaptée: «*J'ai en face de moi des gens qui raisonnent à deux ou trois ans, non pas parce qu'ils sont instables, mais parce que leur confiance dans la stabilité de leur entreprise et dans l'avenir, tout simplement, s'est érodée au fil des restructurations.*», affirme un consultant.

On l'a vu, certains groupes misent sur l'Intranet pour inciter leurs salariés à faire preuve d'autonomie. À l'image de Schlumberger qui invite les membres de son personnel à manifester ses souhaits d'évolution et ses conditions sans qu'il y ait de référence à un poste précis. Mais si les Intranet permettent une certaine transparence au niveau des mouvements de salariés et constituent une aide indiscutable à la gestion de la mobilité, il ne faut pas non plus tout en attendre. Selon une étude réalisée par la Cegos[1], seulement 85 % des entreprises françaises comptant plus de 200 salariés ont un fichier informatisé de leur personnel et moins de 20 % disposent d'un réel outil de gestion informatique, dédié aux ressources humaines. Quand bien même cette proportion irait croissante dans les années à venir, l'ensemble des salariés est loin d'être prochainement concerné.

Par ailleurs, l'Intranet n'est qu'un tout petit aspect des systèmes d'information des ressources humaines qui ne peuvent se construire qu'à partir d'une réflexion globale sur les missions et les objectifs de la profession : « *La mise en œuvre d'un système d'information, dédié aux ressources humaines, réclame une réflexion préalable sur les missions et l'organisation de la Direction des ressources humaines de l'entreprise, réflexion qui peut parfois faire plus de mal que de bien.* », explique François Gueuze, responsable des enseignements NTIC et RH du DESS management des RH de Lille-1. Pour François Gueuze[1], « *La mission de la DRH consiste à travailler à la fois sur des individus (ceux d'aujourd'hui et ceux de demain) et sur l'organisation (d'aujourd'hui et de demain) de l'entreprise (…). Or, on constate, aujourd'hui, que la DRH consacre 90 % de son temps au suivi quotidien des tâches administratives.* » Ce sont ces flux d'informations quotidiens que simplifieront les systèmes informatiques de type Intranet. Mais, poursuit François Gueuze, « *Parallèlement, se développe une autre catégorie d'informatique RH, plus orientée vers le décisionnel. La croissance des flux d'informations autorise de plus en plus le DRH à manipuler cette information pour l'aider à prendre certaines décisions. À partir d'un certain état des lieux, il sera ainsi possible d'évaluer l'im-*

> Connaître l'impact d'une nouvelle réglementation sur les risques de démission.

---

(1) Source : in Entreprise et Carrières. 2002.

MA VIE DANS L'ENTREPRISE

© APEC - Éditions d'Organisation (Groupe Eyrolles)

pact de l'évolution de certains paramètres dans le temps. Il sera, par exemple, possible de connaître précisément l'impact de la modification d'une règle de rémunération sur la masse salariale. Mais également ; l'impact d'une nouvelle réglementation sur les risques de démission, sur la gestion des compétences, sur la gestion prévisionnelle des emplois, des plans de remplacement ou d'une action de formation spécifique. »

NE PAS CONFONDRE PILOTAGE DE CARRIÈRE ET CV AGITÉ

Ça, c'est pour le futur. Pour l'instant, et avec les moyens dont il dispose, le salarié qui souhaite évoluer à l'intérieur de sa propre entreprise n'a d'autre choix que de se tenir prêt, en permanence, à saisir les opportunités qui lui sont offertes. Qu'elles se présentent sous la forme d'une offre de formation (acquisition de nouvelles connaissances) ou, plus directement, d'une prise de fonction nouvelle avec responsabilités plus importantes. Il peut, également, tenter de précéder l'événement en agissant tel un offreur de services qui propose ses compétences sur tel ou tel projet en cours de développement. Il doit, également, constituer et mettre en place tous les relais nécessaires à son évolution. Il sera particulièrement attentif à se positionner, par exemple, sur des projets transversaux. Enfin, il doit ne pas confondre pilotage de carrière et « CV agité ». *Un cadre qui reste dans le même poste pendant cinq ans ou plus est souvent considéré, aujourd'hui, comme quelqu'un dont la carrière est en panne,* regrette Gilles B., consultant en outplacement. *Il convient de relativiser. S'il faut savoir évoluer, bouger et, quelquefois même, accepter de prendre des risques, il ne faut pas céder aux automatismes... L'expérience, autant pour l'entreprise que pour le salarié constitue un atout indiscutable, un capital. Or, cette expérience ne s'acquiert qu'au prix d'un certain nombre d'années passées dans un même poste. C'est donc ce subtil dosage entre le temps nécessaire pour l'apprentissage, l'acquisition de connaissances et de savoir-faire, le choix des bonnes évolutions, la diversification des expériences... qu'évoque, pour moi, la notion de pilotage de carrière.»*

Alors, qui pilote vraiment sa carrière ? Celui qui utilise les *« outils de prospection »* mis à sa disposition pour *« jouer le coup d'après »* ? Ou celui qui, sans jamais rien planifier, réalise un parcours enrichissant ? *« Le fait de ne pas planifier, ne signifie pas nécessairement se laisser guider par le hasard.»*, répond Maurice Thévenet pour qui, indiscutablement, les rencontres, les opportunités viennent consolider l'ossature d'une carrière bien construite. *« A posteriori, on s'aperçoit souvent qu'il existe une logique dans un parcours. Même si elle n'a pas été anticipée par le salarié.»*, ajoute-t-il. Pour lui, dans une société qui considère la stabilité comme un handicap et valorise la mobilité, *« piloter sa carrière, c'est une manière de dire "je fais mes choix" face à cette contrainte de mobilité.»*

À lire :
- **« Psychologie et management »**, par Philippe Burg et Pierre Jardillier, 2001, 127 pages, PUF. 6,50 €
- **« Motivez par l'enthousiasme »**, par Christophe Benoît, 2002, 216 pages, Éditions d'Organisation. 19,00 €
- **« Le chaos de carrière dans les organisations »**, par Charles-Henri Amherdt, 2000, 366 pages, Eska. 44,21 €

Site Internet :
- www.xavier-soler.com/ :
Site consacré aux méthodes de coaching pour dresser son profil motivationnel.

CO-PILOTAGE
> VOUS ET VOTRE DRH

Vous l'avez sûrement rencontré plusieurs fois au moment de votre entrée dans l'entreprise, lors de réunions ou à l'occasion de problèmes administratifs. Mais, votre DRH mérite en fait plus d'attention. En effet, il est un homme clé de votre évolution professionnelle. En matière de formation, d'une part et de gestion prévisionnelle du personnel, d'autre part. Lui et ses collaborateurs sont donc des interlocuteurs privilégiés, dès que vous souhaitez prendre du recul pour réfléchir à a votre carrière. Dans certains cas, ses conseils seront plus objectifs que ceux de votre supérieur hiérarchique qui apprécie à ce point vos compétences qu'il ne tient pas à vous voir partir.

Les services RH jouent un rôle tantôt fonctionnel, tantôt opérationnel. Fonctionnel, lorsqu'il vous informe sur des opportunités de formation. Opérationnel, lorsqu'ils accordent le financement de cette formation. Dans le premier cas, vous êtes dans une situation d'échange d'informations. Dans le second, dans une situation de négociation où chaque partenaire poursuit des enjeux différents et parfois contradictoires. Il est important, avant d'entreprendre toute démarche, de clarifier la situation et de définir la position dans laquelle vous vous situez. Vouloir obtenir des infos quand on est déjà en situation de négociation, c'est prendre le risque d'obtenir des infos biaisées, voire tronquées. Vouloir négocier avant d'avoir obtenu les infos nécessaires c'est risquer le faux pas. Dans la mesure du possible, informez-vous d'abord, négociez ensuite !

Vous souhaitez rencontrer votre DRH pour des infos ? Préparez votre entretien, n'arrivez pas sans savoir exactement de quel type d'infos vous avez besoin. Vous rencontrez votre DRH dans le cadre d'une négociation – une demande de formation, par exemple – ? Soyez clair sur votre objectif, mais aussi sur ce que votre demande comporte comme avantages ou inconvénients pour votre interlocuteur et donc votre entreprise, en frais de stage, temps d'absence... Construisez un argumentaire et prévoyez les objections possibles. De même, si vous souhaitez explorer les opportunités de carrière, au sein de votre entreprise, faites en sorte d'avoir fait le point sur les différentes compétences que vous pouvez apportez pour chacune des évolutions souhaitées.

Préparer votre entretien, c'est aussi le situer tant dans le déroulement de votre carrière que dans son contexte relationnel actuel dans l'entreprise. S'adresser à votre DRH, dans les six mois qui suivent votre entrée en fonction pour négocier une mobilité interne, n'a pas la même signification que deux années plus tard. De même, un entretien obtenu en cachette de votre hiérarchique peut revenir aux oreilles de ce dernier et aux vôtres comme un boomerang !

Sachez tirer les enseignements de chacune de vos rencontres avec votre DRH. Qu'avez-vous obtenu ? Des infos... c'est le résultat le plus direct et le plus facile à exploiter, qu'elles soient favorables

© APEC - Éditions d'Organisation (Groupe Eyrolles)

ou non. La formation que vous souhaitiez n'existe pas ? Au-delà du constat, quelles leçons sont à retenir ? Avez-vous suffisamment réfléchi à vos besoins ? Ce, à quoi vous aviez pensé, n'est-il pas simplement la traduction d'un autre besoin ? Et si, dans le cas contraire, cette formation existe, insistez pour qu'elle vous soit accordée.

Si la négociation s'est soldée par un compromis qui vous est défavorable, étudiez-en les raisons pour en tirer un parti positif. N'hésitez pas à consigner, par écrit, le contenu de votre entretien. Vous y trouverez les éléments utiles pour rebondir, lors d'un prochain entretien !

© APEC - Éditions d'Organisation (Groupe Eyrolles)

Chapitre **9**

COMMENT PARTIR
SANS INSULTER L'AVENIR

JE QUITTE MON ENTREPRISE?

Quitter son entreprise pour rejoindre un nouvel employeur est certainement l'un des actes majeurs de la vie professionnelle. Dans un marché de l'emploi globalement favorable, la mobilité externe est aujourd'hui considérée comme normale, voire saine. Pour autant, il serait dangereux de prendre la décision de quitter son entreprise en deux temps trois mouvements, sur un coup de tête... une démission n'est jamais sans conséquence sur la vie professionnelle et familiale. Comment préparer son changement, ne pas lâcher la proie pour l'ombre, prendre le temps de la réflexion sans céder aux trop longues hésitations qui risquent de vouer le projet à l'échec... Au fait, faut-il vraiment changer d'entreprise régulièrement ?

LES RÊVES ET LA RÉALITÉ

"**J**e vais filer ma dém'!" Qui n'a jamais prononcé, ou rêvé de prononcer, cette phrase? Selon l'enquête annuelle Cadroscope Apec 2002 : 6 % des cadres ont changé d'entreprise en 2001 (les deux tiers de ces cadres mobiles ont décidé eux-mêmes de ce changement) et 18 % ont envoyé leur candidature. La mobilité externe suscite toujours nettement plus d'envies et d'aspirations que de véritables passages à l'acte, note cependant le Cadroscope de l'Apec. Bien sûr, les cadres qui cherchent à quitter leur entreprise portent un regard légèrement plus critique que leurs collègues sur leur environnement professionnel. Mais, ce qui motive essentiellement leur volonté de changer, ce sont le niveau de leur rémunération et les limites de leurs responsabilités. Quel que soit le type de mobilité pratiquée (en interne ou en externe), le changement s'accompagne fréquemment d'améliorations notables en termes de promotion comme d'évolution des salaires constate l'étude. Mais, si les changements d'entreprise sont en progression – le marché de l'emploi de ces dernières années est plus propice à la prise de risque –, il n'en demeure pas moins que 40 % des cadres comptent plus de dix ans d'ancienneté dans leur entreprise. Une fois devenus cadres, la moitié d'entre eux n'en ont, d'ailleurs, plus changé.

Il n'empêche : les salariés encouragés par des perspectives de recrutement plutôt favorables, de ces dernières années (l'Apec publie, chaque année, une enquête sur les perspectives de recrutement émises par plus de 3 000 entreprises du secteur privé), n'hésitent plus à tester le marché, à déposer leurs CV sur les sites emploi, à envoyer des candidatures spontanées. Une recherche d'emploi plutôt passive qui constitue aussi une méthode de veille efficace, une manière de vérifier régulièrement son taux d'employabilité. Et puis, plus le marché est actif, moins on vous pardonne l'immobilité pour peu que vous soyez à l'âge où le changement compte parmi les meilleures voies d'accès aux fonctions de management exercées au-delà de 35/40. Enfin, puisque l'époque est placée sous le signe de l'épanouissement personnel et professionnel, adoptons l'adage de ce consultant : « *Les hommes sont comme les plantes : pour s'épanouir, il leur faut du bon terreau. Si celui-ci ne leur convient pas, ils doivent en changer* ».

NE PAS DÉMISSIONNER SUR UN COUP DE TÊTE

Lassitude à l'égard de l'emploi actuel, nouvelles ambitions, envie de changer d'air... tous les prétextes sont possibles. Mais, tous ne sont pas bons. Et, si le changement d'entreprise volontaire s'est banalisé, il reste pour les salariés un acte majeur dont les conséquences peuvent s'étendre bien au-delà de la sphère professionnelle. On a vu des démissions – c'est davantage le cas lorsqu'elles sont décidées sur un coup de tête ou de

Michel Hurault, gérant de chambres d'hôtes dans les Hautes-Alpes, les Orres

Le bonheur est dans le pré.

Après vingt-deux ans de bons et loyaux services chez Darty, Michel, – tour à tour installateur de machine à laver, frigoriste et responsable d'un service après-vente à Grenoble –, décide de bifurquer de carrière et de prendre un tournant à 180°. «Avant de changer de métier, mes supérieurs me proposait de monter un service après-vente dans un autre site. C'est à ce moment là que j'ai eu des doutes sur mon avenir. Je désirais, avant tout, sortir du système et être mon propre maître». Le choix n'est pas des plus faciles, car Michel est marié et père de famille. «Comme je ne savais quelle décision adopter et quelle était ma véritable valeur sur le marché du travail, mes chefs m'ont proposé de suivre un séminaire «Perspectives Bilan-Orientation», à l'Apec. J'y ai fait un bilan de connaissances et de compétences. En fait, je me posais plusieurs questions du type: suis-je fais pour travailler dans le tourisme, suis-je doté d'un sens relationnel-client?, etc. Grâce au bilan de l'Apec, j'ai su que je pouvais quitter en toute sérénité mon entreprise et me lancer dans le métier du tourisme rural. J'ai donc trouvé une formation pour créer des structures dans le tourisme vert. La formation a duré cinq mois et, voyez-vous, depuis je suis au boulot et n'arrête pas!» Aujourd'hui, Michel est gérant d'une structure de chambre d'hôtes de dix-huit places et restaurateur. Il n'éprouve aucun regret vis-à-vis de sa vie passée et se qualifie même de «travailleur épanoui».

colère –, être suivies d'une longue période de chômage. La réaction a alors pris le pas sur la réflexion. On ne décide pas de quitter son employeur pour un autre ou pour réaliser un projet de création par exemple, dans l'effervescence, l'inquiétude, l'angoisse... Le changement doit toujours être le fruit d'une réflexion, dont la durée varie suivant les individus et la complexité de la situation. Mais, l'étendue de cette période de réflexion ne saurait, à elle seule, garantir la réussite du changement. *« J'ai mis neuf mois à me décider, alors que c'est eux qui me voulaient. J'ai pesé et pesé encore... mais, malgré toutes ces précautions, je pense avoir commis une erreur en quittant ma précédente entreprise. »*, avoue Cédric R., responsable du service client d'un groupe pharmaceutique. Se serait-il décidé en deux jours que l'expérience n'aurait pas été positive pour autant. *« Simplement, je n'aurais pas ennuyé mon entourage et ma famille avec mes longues et pénibles interrogations... »*, poursuit-il. Mais, à moins d'être un risque tout, un minimum de réflexion s'impose, cependant. D'autant que les raisons et les objectifs du changement diffèrent

« Je n'aurais pas ennuyé mon entourage avec mes pénibles interrogations. »

d'un salarié à l'autre. Rien de commun, en effet, entre celui qui est certain que l'entreprise, pour laquelle il travaille, ne lui offrira plus aucune perspective de développement et celui qui est déjà l'objet de propositions fermes ou, encore, celui dont l'entreprise voit sa santé financière se dégrader. Mais, s'il ne faut jamais agir dans la précipitation, il faut savoir ne pas prolonger le temps nécessaire de la réflexion et risquer de laisser passer une opportunité.

Dans tous les cas, d'ailleurs, la décision de démissionner ne devrait se prendre qu'après une analyse précise de la situation

Constats de mobilité

Depuis plus d'une dizaine d'années, Cadroscope, une grande enquête annuelle de l'Apec, questionne 3000 cadres du secteur privé sur leur vie professionnelle. La mobilité est, bien sûr, l'un des chapitres de cette enquête. Voici, sur ce sujet, quelques constats dressés par Cadroscope.

• Ce sont les jeunes cadres et les plus diplômés qui lisent les petites annonces.

• La lecture des petites annonces est d'autant plus pratiquée que les cadres possèdent les profils les plus recherchés (École d'ingénieurs, Informaticiens), ou qu'il existe des supports spécialisés (informatique, fonction "personnel").

• La lecture des petites annonces est moins fréquente chez les cadres âgés, mais aussi chez ceux dont le mode de recrutement passe plus fréquemment par les réseaux (communication, par exemple).

• Sauf exception, on compte toujours davantage de cadres qui envisagent de quitter leur entreprise qu'il n'y en a qui ont cherché à le faire.

• À l'instar de la lecture des petites annonces, refaire son CV répond au moins à deux objectifs : répondre à une offre d'emploi ou faire le point pour évaluer sa propre évolution professionnelle.

• Plus que l'âge à proprement parler (même s'il reste déterminant), l'ancienneté dans le poste contribue fortement à nourrir le sentiment d'insatisfaction.

• À partir de 50 ans, les cadres se jugent d'autant plus en totale inadéquation poste/profil qu'ils cherchent moins à changer d'entreprise et encore moins à envisager cette idée.

• Vouloir rompre l'ennui est une raison de changement évoquée plus particulièrement par les cadres d'ancienneté moyenne ou longue (4 à 10 ans et 16 à 20 ans), ainsi que par les femmes.

• Éviter le conflit avec la hiérarchie et fuir la pression motivent les volontés de changement dans des proportions égales, mais ils ne concernent pas les mêmes catégories de cadres. Les conflits avec la hiérarchie peuvent pousser à la mobilité des cadres de

© APEC - Éditions d'Organisation (Groupe Eyrolles)

courte ou très longue ancienneté ; tandis que la fuite de la pression motive plus particulièrement les femmes.

• Les cadres tentés par le changement d'entreprise sont très optimistes en ce qui concerne leur propre trajectoire professionnelle.

• On change d'entreprise pour augmenter sa rémunération et élargir ses responsabilités.

• Vouloir créer son entreprise est principalement une motivation de cadres déjà dirigeants, en particulier ceux de la Direction générale.

présente. *« Il faut se poser la question du départ, lorsqu'il existe une nette divergence entre ses propres ambitions et celles de l'entreprise. Pour autant, et même si depuis les années 80, la notion de long terme a perdu de son sens en matière de gestion de carrière, il faut savoir rester prudent. Les employeurs se méfient des cadres que l'on a qualifié de « mercenaires ». »,* explique Rémy Lesaunier, directeur de la société informatique ImpliQ. Mesurer ses attentes, aussi bien en matière de rémunération que de formation et, plus généralement, d'épanouissement personnel, paraît être la démarche raisonnable. Il arrive même qu'à l'aune de cette réflexion, certains changent d'avis, au moins provisoirement, ne serait-ce que parce que l'évocation d'un départ peut provoquer un sursaut d'intérêt de l'entreprise pour le cadre qui souhaite chausser ses semelles de vent. Il se peut, également, que le salarié, au moment même où il cherche à conforter sa décision de quitter son employeur, découvre au cours de ses interrogations, de ses recherches, de ses entretiens avec des collègues et des hiérarchiques, des opportunités en interne qu'il n'avait pas supposées possibles. Et même des augmentations de salaire. D'ailleurs, certains sont tentés d'agiter la menace de la démission pour faire évoluer une situation, qu'ils estiment, bloquée. Reste que ce « chantage au départ» risque de ne fonctionner qu'une seule fois, et pas nécessairement dans le bon sens. À moins d'être absolument sûr de sa valeur sur le marché du travail, la plus grande circonspection s'impose avant d'avoir recours à ce type de dialogue.

LES SSII DONNENT SOUVENT LE "LA"

La prudence, en ce domaine, est d'autant plus recommandée que les temps changent rapidement. L'alternance des périodes de quasi plein emploi et de récession peut être plus rapide que prévue. Au quatrième trimestre 2001, la plupart des grands groupes ont gelé leurs plans de recrutement, alors qu'à peine quelques mois auparavant, ils déployaient des trésors d'ingéniosité pour recruter des cadres devenus exigeants face à la masse des sollicitations. Entre mars et septembre 2001, le taux de démission dans les sociétés de services et d'ingénierie informatique (SSII) est passé de 19,6 % à 14 %. Or, indique le supplément «Campus» du *Monde*[1] qui cite ces chiffres: *« Les SSII donnent souvent le «la» sur le marché de l'informatique. Dans ce secteur qui, traditionnellement, connaît une mobilité importante «les informaticiens vont devoir être moins gourmands, en terme de salaire. »*, indique encore le journal.

«On sait ce que l'on quitte, on ne sait pas ce que l'on trouve». La vieille maxime, pour être usée, n'en recèle pas moins une grande part de vérité. *« Professionnellement parlant, la mariée est toujours plus belle*

> Professionnellement parlant, la mariée est toujours plus belle avant l'union qu'après.

---

(1) Source : in Le Monde, supplément « Campus ».

Quelques précautions à prendre avant de quitter son poste

– Si vous avez la certitude de vouloir quitter votre poste, acceptez d'abord la promesse d'embauche, puis démissionnez ensuite. À l'inverse, si vous n'êtes pas certain d'avoir vraiment envie de donner votre démission, ne vous précipitez pas pour retourner l'offre. Un délai de réflexion plus long ne pourra que vous être bénéfique.

– Ne vous emballez pas !

– Examinez votre précédent contrat de travail : vérifiez la durée du préavis que vous devez effectuer auprès de votre employeur. Cet élément est indiqué dans votre contratde travail. Penchez-vous aussi sur les règles applicables, en matière d'exécution du préavis. Si l'employeur vous dispense de l'exécution du préavis, vous pouvez reprendre un travail auprès d'une autre entreprise, puisque vous n'avez plus d'obligations vis-à-vis de votre ancien employeur.

Source : in Courrier Cadres

avant l'union qu'après. », ironise Patrick Y., cadre chez un sous-traitant aéronautique. Dans l'absolu, il faudrait donc tout entreprendre pour connaître le mieux possible sa future entreprise et éviter les déconvenues. Dans la réalité, il en va tout autrement : l'emploi du temps, d'abord, laisse rarement l'opportunité de se renseigner en rencontrant ses futurs collègues. Ensuite, quand bien même ce serait possible, le cadre qui a décidé de changer d'entreprise a naturellement envie de croire à un avenir meilleur et minimise inconsciemment les inconvénients dont il pourrait avoir connaissance. Enfin, même s'il est possible – et fortement conseillé – d'effectuer cette petite enquête sur son futur employeur, il reste à pouvoir rencontrer les bons interlocuteurs: «*Quand on décide de quitter son entreprise pour une autre, il faut, autant que faire se peut, parler avec des gens de terrain. Pas seulement le DRH. Évidemment, ce n'est pas toujours facile. Mais, quand quelqu'un qui est, sur place, vous dit qu'il existe telle ou telle possibilité d'évolution, c'est plus crédible que lorsque c'est le DRH qui l'affirme.* », estime encore Patrick Y.

Autre élément qui peut faire pencher la balance d'un côté ou de l'autre: la notoriété d'une entreprise. Une bonne ou une mauvaise image, qu'elle soit juste ou pas, influe considérablement sur le choix. « *Mais, au-delà de cet aspect, souvent purement subjectif, il est très important de connaître la véritable nature de l'entreprise que l'on compte rejoindre, sa culture,* conseille la consultante Martine Jore. *Un cadre n'aura ni les mêmes responsabilités, ni la même autonomie, selon qu'il travaille chez l'Oréal ou chez Procter & Gamble. Or, tout le monde n'est pas fait pour être autonome. Il vaut mieux donc ne pas se tromper sous peine de devoir mener une vie… insupportable.* » De la même manière, passer d'un grand groupe à une PME – et inversement –, n'est pas aussi aisé qu'il y paraît. Les relations sociales, le degré de responsabilité, d'autonomie, les perspectives d'évolution, les choix de formation ne sont pas les mêmes, selon la taille de l'entreprise.

RESTER LUCIDE QUAND LE QUOTIDIEN PÈSE

La situation devient plus complexe, lorsque le présent est difficile à vivre. « *Il n'est pas évident de rester lucide et patient, lorsque que le quotidien vous pèse.* », reconnaît François M., consultant. Le changement devient, alors, un impératif et le risque d'erreur s'accroît. Pour autant, ce risque ne doit pas se

MA VIE DANS L'ENTREPRISE

transformer en frein. Le changement est préférable à la rési-
gnation. Et si le «reclassement» s'avère plus délicat que prévu,
à l'heure du succès, il prendra valeur d'expérience. En matière
de mobilité externe, toutes les études montrent, en effet, que
les cadres, qui ont été les plus mobiles par le passé, ont toutes
les chances de changer encore d'entreprise. L'expérience du
changement faciliterait donc... le changement! Cadre dans
une SSII, Laure G. confirme à sa manière cette hypothèse:
*« Mon métier consiste en gros à me louer à des entreprises pour
des missions allant de quelques mois à plusieurs années. En fait,
c'est comme si je changeais d'employeur régulièrement sans
encourir les risques de la démission. Au début, cela pouvait
paraître assez déstabilisant. Surtout quand la mission se dérou-
lait dans un environnement qui me plaisait. Aujourd'hui, le
changement régulier est, pratiquement, devenu une nécessité
pour mon équilibre personnel et professionnel. »*

LE DIFFICILE PARI DE LA RECONVERSION

mpossible, même en se montrant le plus prévoyant de tous, d'envisager un déroulement de carrière linéaire. Toute vie professionnelle et personnelle (les deux tendent de plus en plus à s'entrecroiser) doit faire face à des aléas. Et, dans bien des cas, le pilotage à vue, à condition que celle-ci ne soit pas trop courte, constitue souvent la seule solution réaliste. Il est, cependant, possible de poser quelques jalons à plus long terme. *« Quand je quitte une entreprise, je m'arrange pour rester, autant que possible, en bon terme avec mes chefs, quel que soit le passé. »*, affirme Flavie G., chef de publicité dans une agence de publicité, qui, malgré son jeune âge, possède une certaine expérience en la matière. *« Dans l'univers de la publicité, la concentration est telle que deux groupes dominent les marchés, contrôlant des dizaines d'agences. C'est un petit monde. Si vous vous fâchez avec la moitié des acteurs, vous vous fermez un grand nombre de portes pour l'avenir. »*, poursuit-elle. Se garder la possibilité de revenir en arrière est, aussi, une manière de planifier le futur. Même s'il est difficile – et

rare – de retrouver une entreprise que l'on a quittée quelques
années auparavant, c'est une hypothèse qui peut être envisagée. Ne serait-ce que parce que l'expérience accumulée à l'extérieur peut représenter un atout supplémentaire en cas de
retour, voire une sorte de garantie morale pour éviter de vivre
cette situation comme un échec.

Quant à la reconversion totale, elle n'est pas sans danger.
Pour être attirante, l'option, «changer de métier, changer de
vie» comporte des risques encore plus importants que le
simple transfert d'une entreprise à une autre. Consultant spécialisé dans les bilans de compétences, Laurent O. rencontre de
nombreux salariés tentés par la reconversion professionnelle.
*«Ils ont envie de quitter leur univers, leur entreprise, pour
commencer une nouvelle vie, une nouvelle carrière. La plupart
du temps, ce sont des gens qui ressentent le besoin de se mettre
au service du public, de donner une part d'eux-mêmes aux
autres. Je rencontre aussi des gens qui, à 30 ou 35 ans, décident
d'exercer le métier dont ils rêvent depuis toujours, mais qui
avaient «choisi» une autre voie, le plus souvent sous l'influence
de leurs parents. Souvent d'ailleurs, ils reconnaissent avoir pris
conscience tardivement de ce qui le passionnait vraiment.
Ceux-là rêvent d'une deuxième vie!»*

LA RECONVERSION N'EST PAS TOUJOURS COMPRISE

Changer radicalement de métier représente, à coup sûr, le
défi professionnel le plus important qu'un salarié puisse relever. *A priori*, cependant, l'option est ouverte à tous. Mais, elle
exige des sacrifices importants, ne serait-ce parce qu'elle suppose, dans la plupart des cas, une formation généralement
longue. De surcroît, elle n'est pas toujours comprise et donc

Une surenchère salariale payante

Faire monter les enchères avant de donner sa démission? La manœuvre est risquée. Et son efficacité dépend de votre position dans l'entreprise, ainsi que de l'état du marché. Dans tous les cas, il conviendra de manier cette arme avec doigté. Le cas de Charles R., ingénieur informatique dans une société de services est assez exceptionnel pour ne pas être pris pour exemple. *«En 1997, je travaillais dans une société de services, aujourd'hui disparue. Je m'y sentais bien, l'ambiance et les conditions de travail étaient plutôt bonnes. Cependant, j'estimais être en dessous de mon niveau en terme de salaire. À plusieurs occasions, j'ai eu des propositions d'autres sociétés, dont certaines étaient intéressantes. J'ai poursuivi les discussions avec l'une d'entre elles et nous sommes arrivés à un accord de principe. J'ai donc rencontré mon patron pour l'informer de ma décision de démissionner. Désireux de me gar-* der, *il a surenchéri sur ce que l'on me proposait ailleurs. Et, après de nouvelles discussions, m'a proposé une formation sur de nouveaux outils informatiques. J'ai alors décidé de rester.»* Là où l'affaire sort de l'ordinaire, c'est qu'un an plus tard, la même situation se présente et l'issue est la même. *«Ce n'est que la troisième fois que j'ai vraiment quitté l'entreprise.»*, explique Charles R. L'histoire ferait rêver plus d'un. Mais, elle se situe dans un contexte doublement particulier. D'abord, le monde de l'informatique et, notamment, celui des SSII est extrêmement compétitif. La mobilité y est d'autant plus grande que les compétences sont plus rares que les postes à pourvoir. Et puis, précise Charles R.: *«Nous étions en pleine préparation du «bug» de l'an 2000. Tout le monde était persuadé que nous n'arriverions pas à être prêt à temps et les entreprises étaient sur les dents.»*

MA VIE DANS L'ENTREPRISE

© APEC - Éditions d'Organisation (Groupe Eyrolles)

encouragée par l'entourage professionnel : ce désir de changer de métier peut être perçu comme une trahison vis-à-vis de l'employeur, de son métier et même des collègues qui y voient un désaveu de leur propre activité. Le cas de Julie P., ingénieur de formation, diplômée d'une école supérieure de commerce et consultante dans un cabinet de conseil en stratégie en est une illustration : *« Lorsque j'ai décidé de réorienter ma carrière pour devenir journaliste, j'ai été mise en quarantaine, aussi bien par mon patron que par mes collègues,* raconte-t-elle. *Ils ne comprenaient pas que je veuille abandonner l'entreprise, mon métier, alors que je bénéficiais d'une très bonne réputation et que j'étais bien payée,* poursuit Julie. *J'ai dû me battre pour mettre en place ma formation et faire admettre mon projet par mon entreprise. »*

L'ÉPOQUE RÉVOLUE DES "JEUNES POUSSES"

Ces dernières années, beaucoup ont tenté l'aventure, attirés par ce que l'on a appelé, à tort, la nouvelle économie (à défaut de réinventer l'économie, le monde des Dotcom se caractérise par ses relations sociales différentes, souvent plus détendues que dans la « vieille » industrie). Nombre de cadres se sont alors lancés, comme patron ou comme associé, dans le monde de l'Internet. Galvanisés par des rémunérations plus élevées que celles offertes dans les activités traditionnelles et, en particulier, par les stocks-options, ces cadres éprouvaient, également, le sentiment de participer à une sacrée révolution technologique. Passée la vague d'euphorie, cette ruée vers les « jeunes pousses » est, aujourd'hui, en plein reflux. Et, une grande partie des start-up, nées à cette époque, ont mis la clé sous la porte. Et, si Internet reste un secteur d'avenir, beau-

Ne pas se tromper de problème

Psychologue, graphologue, Martine Jore s'est spécialisée dans la gestion de carrière. Indépendante, elle intervient auprès d'un certain nombre de grands groupes et de PME, aussi bien au niveau de l'évaluation que du recrutement, ou du coaching. Sa formation comme sa position lui permettent de porter un regard différent sur l'entreprise. « *Beaucoup de salariés décident de démissionner parce qu'ils ont un problème personnel qu'ils mettent sur le compte de l'entreprise. Comme ils ne se l'avouent pas, ils pensent régler ce problème en changeant d'employeur. Mais, il resurgit inévitablement, à un moment ou à un autre et, la plupart du temps, sous une forme aggravée.* » Un cadre, qui supporte difficilement l'autorité, pensera se libérer de sa relation avec un supérieur avec lequel il ne s'entend pas. Il risque fort de retrouver ce type de désaccord dans sa nouvelle entreprise. « *Tant que l'on refuse de se remettre en question, ce genre de problème se perpétue et s'aggrave. Il est essentiel de bien se connaître, de pouvoir répondre à la question : qui suis-je pour être ce que je veux dans l'entreprise ?* », assure Martine Jore pour qui « *bien des cadres, y compris dans les sphères supérieures du management, se comportent de manière très infantile.* » Quitter une entreprise, pour de mauvaises raisons, revient à fuir une réalité que l'on refuse d'affronter. Devoir admettre que l'on est ambitieux ou pas, n'est pas nécessairement facile. C'est pourtant la condition d'une évolution professionnelle réussie. « *Il faut parfois accepter de se dire que l'on a de l'ambition. Ce n'est pas un défaut. Le tout est de savoir la canaliser, s'en servir de manière positive.* », conclut Martine Jore.

coup se sont aperçus à leurs dépens qu'il devait, pour résister, fonctionner, selon les règles de l'économie traditionnelle. Responsable de la communication dans l'industrie automobile, Jacques-Gérard S. fut l'un des nombreux cadres qui firent le saut pour rejoindre un portail sportif promis au plus bel avenir. Quelques mois plus tard, il retrouvait son poste d'origine (un véritable coup de chance), déçu par l'échec de l'entreprise qu'il avait rejoint, mais fort d'une expérience enrichissante. Sans rejoindre, de nouveau, la structure qu'ils avaient quittée, nombreux sont ceux qui ont retrouvé des situations intéressantes après la chute des valeurs Internet. Aujourd'hui, les recruteurs ne considèrent plus comme un échec, ces expériences malheureuses et leur accordent même un certain crédit. Mais, le mirage des stocks-options et d'une vie différente s'est évanoui. Fallait-il pour autant laisser passer le train ? *«Je le referais différemment, mais je le referais.»*, affirme Jacques-Gérard S.

ET LA MOBILITÉ SUBIE ?

Il n'est question, jusqu'à présent, que de mobilité choisie, de changements souhaités, préparés. Mais, on ne peut occulter ce que l'on nomme «la mobilité subie». Autrement dit, le licenciement. Ces changements-là sont plus douloureux. Ils peuvent être l'occasion d'une très forte remise en question, mais aussi, dans les meilleurs des cas, d'un nouveau départ: plutôt que d'attendre l'inévitable, certains préfèrent devancer les événements et emprunter une autre voie. D'autres, plus dynamiques, plus imaginatifs, plus aventureux, sont souvent tentés de créer leur propre entreprise pour prendre totalement leur destin en main. L'aventure revêt, alors, une autre dimension: plus enthousiasmante certes, mais également beaucoup plus prenante et délicate. « *De nombreux cadres, à l'issue d'un licenciement sont tentés de créer leur entreprise. Mais, du rêve à la réalité, le passage est autrement plus ardu. J'ai rencontré beaucoup de cadres qui ont tenté l'aventure et qui en sont sortis déçus, voire meurtris. Notamment, parce qu'ils se sont trouvés, soudain, sans les moyens extraordinaires que leur procurait l'entreprise et qu'ils ne pouvaient plus compter que sur eux-mêmes.* », raconte la consultante Martine Jore.

Quelles que soient les circonstances du changement d'entreprise, il est plus facile de réussir sa mobilité, durant la première partie de sa vie professionnelle. *A fortiori*, s'il s'agit d'une reconversion totale. Car l'erreur est beaucoup plus difficile à corriger à 50 ans, qu'à 30. Et puis, comme le souligne Martine Jore: « *On change moins souvent avec l'âge. Pas seulement parce que l'enthousiasme diminue, mais parce que les responsabilités augmentant au fur et à mesure de la progression d'une carrière, le changement est à la fois moins nécessaire et plus ardu à mettre en œuvre.* » Et cette mise en œuvre sera d'autant plus compliquée que le candidat au changement n'est jamais, ou rarement, passé d'une entreprise à une autre. Car, en ce domaine comme dans bien d'autres, la démission et ses conséquences se gèrent d'autant mieux que l'expérience en la matière est grande. Comme confirme une autre consultante: « *La mobilité, ce n'est pas nouveau. Ce qui influe sur les mouvements, c'est l'état du marché. À certaines périodes, on s'accroche à son fauteuil; à d'autres, on est pris d'une irrésistible envie de mettre le nez dehors. Reste que ceux qui affirment piloter leur carrière, privilégient la mobilité et ne laissent passer aucune opportunité en termes d'intérêt de poste, de rémunération, voire d'expérience qu'ils jugent indispensable!* »

Les sites Internet :
- www.droitdutravail.info/ : un site consacré au droit du travail et à la gestion du personnel.
- www.ilo.org : le site de l'OIT (Organisation Internationale du Travail) a pour vocation de promouvoir la justice sociale et, notamment, de faire respecter les droits de l'homme dans le monde du travail.
- www.convention-collective.net/ : un site juridique consacré aux litiges du travail et aux droits dans l'entreprise.

À lire :
- « **Devrais-je démissionner ?** », par Alain Samson, 2002, 112 pages, First Interactive. 8,90 €
- « **Envie de changer** », par Barbara Quinn, 2001, 190 pages, VMPRESS. 16,49 €
- « **Démission, rupture négociée, transaction** », par N. Ferré, 1997, 168 pages, Éditions Liaisons. 27,44 €
- « **Démission, départs négociés, transaction, licenciement, retraite, sanctions** », par G. Lautier, 2001, 402 pages, Maxima. 22,71 €
- « **Changer d'entreprise** », par Philippe Hameau, 2001, 94 pages, Village Mondial. 6,86 €

> LA MOBILITÉ GÉOGRAPHIQUE : UNE MOBILITÉ SOUVENT SUBIE

Paris, Grenoble, Calais, Évry, Madrid, Stéphane F., 45 ans, cadre supérieur dans l'agroalimentaire est ce que l'on appelle un cadre mobile : cinq villes différentes en seize années de carrière, voilà un itinéraire... d'itinérant ! Pour autant, Stéphane F. n'a rien d'un homme du voyage. Marié et père de quatre enfants, c'est un homme calme qui mène sa carrière d'une main de maître. Mais, pour lui, ça ne fait pas l'ombre d'un doute : *« La mobilité géographique constitue l'un des plus sûrs chemins pour revenir au siège avec fanfare et trompettes. Autrement dit, pour occuper une fonction de dirigeant. C'est vrai que ma femme et moi n'avons jamais éprouvé la moindre peine à voyager de ville en ville. Nous y avons même trouvé, y compris nos enfants, un enrichissement qui ressemblerait même à un privilège... »* Philippe D., psychologue de formation, a passé de longues années au service des ressources humaines d'un constructeur automobile. Il y a une dizaine d'années, avant que le vent des

© APEC - Éditions d'Organisation (Groupe Eyrolles)

MA VIE DANS L'ENTREPRISE

restructurations ne souffle, la Direction générale lui propose un poste de directeur de succursale dans l'Ouest de la France. Une offre qui ressemble fort à une bouée de sauvetage lancée avant la déferlante. Serein, Philippe D. décline cependant l'offre, certain que ce refus n'aura aucune incidence sur son parcours. Huit mois après ce refus, il est licencié.

La mobilité géographique passe souvent pour la seule et réelle mobilité aux yeux de bon nombre de cadres. Il est vrai qu'avec l'expatriation, elle est celle qui impacte le plus la vie professionnelle, mais aussi familiale. Elle est, de ce fait, pas très plébiscitée par les cadres surtout par ceux qui ont fondé une famille, acheté un appartement et dont les épouses sont parfois contraintes de renoncer à leur activité. Car en matière de mobilité, ils ne s'y trompent pas : « La mobilité fonctionnelle et la mobilité géographique sont deux problèmes très différents. Pour la mobilité fonctionnelle, les bonnes volontés ne manquent pas. Mais, pour la mobilité géographique... », confirme Pierre B., DRH d'un sous-traitant aéronautique.

Quitter Paris pour Nice, voire. Mais, quitter Paris pour Dunkerque, Laval, Saint-Étienne... voilà qui ne fait rêver personne. Le changement géographique apparaît non seulement comme la forme la plus évidente, la plus « brute » de la mobilité, mais aussi la moins valorisée. Surtout s'il apparaît comme une condition préalable à la promotion. Il est alors vécu comme une contrainte. Les salariés y voient une mobilité subie, *« le sacrifice à payer pour progresser »*. Et, le fait que la mobilité géographique soit considérée comme période de transition, un *« purgatoire nécessaire »*, pour reprendre l'expression de Philippe D., ou encore une période temporaire, ne fait qu'accroître ce sentiment de contrainte. Pour d'autres, à l'instar de Stéphane F., qui l'ont pratiquée avec succès, la mobilité géographique s'apparente plus à *« une étape formatrice qui s'intègre dans une phase de carrière ascendante »*. Une opinion vers laquelle tendent, d'ailleurs, les DRH qui l'encouragent.

On touche là l'une des composantes de la mobilité géographique qui fait que ce changement sera plus ou moins bien accepté. La mobilité, comme phase temporaire préalable d'une progression, pose le problème du retour et de la nature de cette progression. Car, c'est bien entre ces deux pôles que sont la contrainte et la progression, que cette mobilité géographique reste enfermée. Et, ce d'autant plus que face à une progression de carrière plus lointaine, plus hypothétique, la contrainte, elle, apparaît immédiate ! Le problème n'est pas si différent de celui du retour d'expatriation. Encore que, à bien des égards, la mobilité à l'international est presque toujours vécue comme plus valorisante. Celle de région à région faisant figure de mobilité du pauvre.

« C'est, d'une part, lorsqu'elle est associée à une autre mobilité (vers le siège social, par exemple) et, d'autre part, qu'elle est liée à une prise de responsabilité immédiate que la mobilité géographique paraît la plus acceptable et donc la plus acceptée. Dès qu'elle est vécue comme la condition sine qua non d'une hypothétique progression, elle est loin de remporter tous les suffrages. », explique Pierre B., DRH. Pour s'en convaincre il suffit de considérer l'importance, au même titre que la rémunération, du critère

géographique dans le choix d'un emploi… *«Si j'avais voulu travailler ailleurs qu'à Paris, j'aurais choisi un boulot différent dans une autre région*, affirme tout naturellement Delphine, agent de maîtrise chez un distributeur de biens culturels. *Si je bosse à Paris, c'est qu'il y a des raisons sur lesquelles je ne suis pas prête à transiger. Si, un jour, on me contraint de déménager pour Lyon ou Lille, par exemple, eh bien, je changerai de travail.»*

On est donc loin du consensus qui s'est opéré en matière de mobilité fonctionnelle où, non seulement les intérêts du salarié et ceux de l'entreprise finissent par converger, mais encore où se manifeste une demande spontanée croissante de la part des salariés. Y compris pour être mobiles, géographiquement. Mais, pour les régions de leur cœur. Et qui ne sont donc pas toujours celles où la raison voudrait bien les conduire !

Chapitre 10

SAVOIR S'INFORMER POUR MIEUX ÉVOLUER

UN HOMME AVERTI...

« Les pratiques de management ne changent pas au gré de la conjoncture. Il faut se méfier de l'effet d'optique qui nous fait observer le sommet de la vague plutôt que l'océan. », prévient Maurice Thévenet, professeur à l'Essec qui met l'accent sur la nécessité, pour qui veut piloter sa carrière de pouvoir regarder l'horizon à moyen terme. Mais il met en garde, également, contre une certaine tendance à se tromper de sujet d'observation et de tirer parfois des conclusions hâtives, d'un constat erroné. L'information est, à coup sûr, l'un des atouts essentiels du pilotage de carrière. Mais elle ne doit pas non plus devenir une obsession. Idem de certains discours ambiants sur la mobilité.

SURVEILLER LES ÉVOLUTIONS DU MARCHÉ DE L'EMPLOI

« L'information sera au XXIe siècle ce que le pétrole fut pour le XXe ». Attribuée, selon les cas, à Jean-Marie Messier ou à Rupert Murdoch, la « prophétie » ne concerne pas seulement les géants que ces patrons dirigent. On le sait : à la vitesse à laquelle évoluent certaines technologies, ne pas se tenir informé, c'est prendre le risque de voir ses compétences professionnelles menacées d'obsolescence à très court terme. *« La formation sans information, c'est un peu comme la science sans conscience : connaître le monde dans lequel nous vivons, connaître le fonctionnement du marché sur lequel son entreprise opère, mais aussi la conjoncture économique nationale et mondiale... voilà autant de paramètres à maîtriser avant de prendre une décision. »*, explique Richard Z., patron d'une petite société spécialisée dans le multimédia.

« Nous ne sommes pas seuls. », pourrait-on dire, paraphrasant les films de science-fiction. La volonté d'être autonome ne jus-

© APEC - Éditions d'Organisation (Groupe Eyrolles)

tifie, en aucun cas, qu'il faille s'isoler de notre environnement et, en premier lieu, celui de notre activité professionnelle. Ni l'entreprise, ni ses salariés ne vivent à l'écart du monde. Au rythme de la mondialisation, les décisions prises à New York ou à Hong-Kong peuvent influer directement et rapidement sur les perspectives de développement d'une PME du centre de la France. Autant dire que prétendre piloter sa carrière sans tenir compte de l'environnement économique, national ou international revient à entreprendre un vol au long cours sans aucune carte météo. Quasi suicidaire !

Certes, il ne s'agit pas, pour le salarié d'une entreprise, de garder l'œil rivé sur les mouvements de conjoncture pour les analyser, comme le font certains sur les cours de la Bourse. Mais, il faut reconnaître que posséder une solide culture générale et de bonnes notions d'économie, constitue un atout indiscutable pour qui veut mener sa carrière. Et, peut-être plus que les connaissances en elles-mêmes, c'est l'aptitude à savoir s'emparer d'une information et à en saisir rapidement les enseignements qui est déterminante. *« Se tenir informé, c'est se former, explique un consultant. Un changement professionnel hors de son entreprise, n'a de chance de réussir que s'il est conforté par un minimum de visibilité. Au-delà des préoccupations personnelles (qui sont à l'origine du changement), il est impératif de se renseigner sur la santé de son nouvel employeur, mais aussi sur les perspectives du secteur d'activité dans lequel on souhaite évoluer. »* Et nul besoin d'être expert. Une lecture régulière de la presse économique, par exemple, permet de suivre et de comprendre des mouvements, tels que les fusions-acquisitions, les plans sociaux, les diversifications d'activité, les regroupements et

> Se tenir informé, c'est se former.

Vincent Renard, consultant animateur des Bilans « Perspectives » Apec

On ose moins aujourd'hui que dans les années 80.

Quelles sont les principales difficultés du pilotage de carrière ?

La principale difficulté que rencontre le salarié qui souhaite « piloter sa carrière », c'est de pouvoir libérer le temps nécessaire. Aujourd'hui, tout le monde a le nez dans le guidon. La deuxième difficulté est que l'on ne bouge plus aussi facilement que dans les années 80, années bénies où l'on pouvait se permettre un certain culot par rapport à son parcours professionnel : on osait proposer, changer, réaliser ses rêves, risquer... aujourd'hui, on consolide ce qui existe et les virages professionnels sont plus difficiles à négocier. Près des trois quarts des cadres qui, au milieu des années 80, participaient à une session « Perspectives », avaient engagé un changement (nouvelle fonction, nouvelles missions) qui allait se concrétiser dans les mois à venir. Ils y avaient déjà travaillé avec leur entreprise. Ce n'est plus le cas aujourd'hui.

Bon nombre d'entreprises ont pourtant mis en place des dispositifs destinés à encourager la mobilité de leurs salariés ?

Avant 1993, année noire pour le marché des cadres, la gestion de la mobilité des salariés ne figurait pas parmi les préoccupations majeures des entreprises et les DRH comme les hiérarchiques, disposaient d'une autonomie qu'ils n'ont plus aujourd'hui. De nos jours, si les souhaits de mobilité des salariés sont très forts, la gestion de la mobilité, elle, tout en se modélisant, s'est rigidifiée. Aussi est-il beaucoup plus compliqué pour un salarié d'effectuer une mobilité interne qu'il y a une quinzaine d'années. Bien sûr, les projets de mobilité des salariés seront d'autant plus encouragés qu'ils rencontreront les projets de l'entreprise.

.../

MA VIE DANS L'ENTREPRISE

/...

Ce qui laisse penser que les autres projets de mobilité, ceux qui ne «cadrent» pas avec ceux de l'entreprise, risquent d'être contrariés ?

Non, ce n'est pas parce que son projet de mobilité ne s'intègre pas dans les stratégies immédiates de l'entreprise, qu'un cadre doit y renoncer. Il peut même, le cas échéant, amener cette dernière à découvrir des besoins nouveaux. Ce qui compte, c'est de préparer ce projet de mobilité dans une relation constructive avec l'employeur. Vouloir changer, même d'une manière différente de ce que l'on attend, ce n'est pas trahir son entreprise. Certaines directions d'entreprises sont même prêtes à encourager des projets de mobilité qu'elles n'avaient pas envisager. Selon le principe de la confiance : si ce cadre, qui s'est toujours investi pour son entreprise, souhaite s'engager dans de nouvelles missions, je dois tenir compte de son désir de mobilité. Aujourd'hui, une évolution de carrière se construit dans la durée et dans une relation positive avec l'entreprise. Ce n'est plus seulement votre hiérarchie qui doit s'emparer, pour l'encourager, de votre projet de mobilité. Mais l'entreprise toute entière : DRH, DG... et cela ne se fait pas en quelques mois, mais en plusieurs années...

Quels sont les souhaits exprimés par les salariés dans leurs désirs de mobilité ?

Davantage de pouvoir, d'argent... voilà deux souhaits qui sont encore à l'ordre du jour ! Mais ce à quoi sont très attachés les salariés, et plus encore les cadres, c'est l'intérêt de leur travail, de leurs missions ! Il faut aussi compter avec cette dimension nouvelle, accentuée par les 35 heures, qui est la recherche d'un équilibre entre la vie privée et la vie professionnelle. Une dimension est aujourd'hui très intégrée dans une logique de pilotage de carrière. Au détriment de réflexes plus «carriéristes». D'ailleurs, parmi les cadres que je rencontre lors des Bilans

.../

/...

«Perspectives» Apec, 20 % seulement se situent dans une dynamique de progression verticale avec davantage de responsabilités. Ils étaient plus de 50 % avant 1993. Aujourd'hui, on anticipe, mais par rapport à un poste futur ou un sentiment d'angoisse : «On va être rachetés»...

En quoi les jeunes salariés diffèrent-ils de leurs aînés ?

Ils affichent un certain recul par rapport à leur entreprise. Au point que certains dirigeants considèrent qu'ils n'ont plus conscience d'une vie d'entreprise. Ainsi, n'auront-ils plus d'état d'âme au moment, par exemple, de quitter un employeur, volontairement ou pas d'ailleurs. Enfin, les jeunes ont parfaitement intégré la nécessité de toujours se situer dans une logique de projet. Tout en comprenant quand même que les meilleurs projets sont ceux qui coïncident avec les projets de l'entreprise...

rachats. De même, les nombreux indicateurs que publie dans ses pages «conjoncture», la presse éco. vous informeront sur les perspectives sectorielles. Enfin, les grandes enquêtes annuelles réalisées par l'Apec et publiées dans *Courrier Cadres* concernent très directement les perspectives de recrutement par secteur, fonction (Panel entreprises) et l'environnement de travail des salariés et cadres (Cadroscope). Au-delà de l'actualité dite «économique» et puisqu'il est ici question de gestion individuelle de carrière, vous ne manquerez pas non plus de «pister» les innovations en matière de management, de gestion des ressources humaines, de recrutement, de formation... Votre objectif n'est pas de pouvoir anticiper, avec une relative certitude, les mouvements des prochains mois, mais simplement d'observer les tendances essentielles, afin d'éviter de vous positionner à contre courant. Les entreprises sont de plus réactives aux mouvements de conjoncture et, dès les premiers signes de refroidissement, elles n'hésitent pas à réviser à la baisse leurs plans d'embauche. Au quatrième trimestre 2001, à la suite des attentats du 11 septembre, l'ensemble du marché a connu un choc très brutal.

FAIRE AVEC LES RETOURNEMENTS DU MARCHÉ

À l'évidence, nul ne pouvait prévoir cet événement. En revanche, nombre d'experts et de chefs d'entreprise présentaient avant les attentats déjà, et pour certains dès la fin 2000, que la croissance s'essoufflait. Un contexte que les cadres, et plus particulièrement ceux qui avaient décidé de changer d'orientation ont du prendre en compte. En quelques mois, le rythme des mouvements sur le marché du travail s'est sérieusement ralenti alors même que, quelques mois plus tôt, les entreprises se plaignaient encore de la quasi-pénurie de cadres. Au final, l'année 2001 se révèlera être une année moins sombre qu'aurait pu le laisser supposer le contexte économique et géopolitique (180 000 cadres recrutés contre 188 000 en 2000, selon l'Apec). En revanche, les entreprises auront révisé à la baisse leurs prévisions de recrutements de cadres pour 2002 (150 000 recrutements cadres prévus).

Rebonds, soubresauts, le marché de l'emploi n'est jamais figé. Mais l'évolution démographique et ses incidences directes sur l'emploi cadre laisse penser que les prochaines années seront placées sous le signe de la pénurie de candidats. Selon le scénario de l'Apec: «2004/2010: va-t-on vers une pénurie de cadres?», ce sont quelque 440 000 cadres qui risquent de faire

2004-2010... Va-t-on vers une pénurie de cadres ?

défaut en dix ans (2004-2010) pour l'ensemble de l'économie (secteur privé et public), soit un déficit de l'ordre de 40 000 cadres par an. Dès 2004, en effet, les départs en retraite de cadres baby-boomers, s'accélèrent (les remplacements de cadres pour départs en retraite, pourraient pratiquement doubler en dix ans, précise l'Apec : de 47 000 à 89 000 par an, soit +89 %). De nouveaux besoins de cadres sont donc à prévoir. Tous les secteurs d'activité risquent de manquer de cadres, précise encore l'Association Pour l'Emploi des Cadres, à l'exception du Commerce, dont le solde devrait rester positif jusqu'en 2005 et de la construction. Mais, l'on peut prévoir un déficit annuel de 9 000 à 18 000 cadres dans les Services, de 6 000 à 8 000 cadres dans la Banque-Assurances, de 1 000 à 1 500 cadres dans les Transports et de 7 000 à 13 000 cadres dans l'Industrie, nous précise l'Apec qui conclut son étude en précisant, que c'est dès 2004, que ce déficit de cadres risque de s'accentuer. Et 2004, c'est demain ! De bonnes perspectives en termes... de places disponibles ! Car les entreprises, qui ont acquis depuis plusieurs années l'expérience des recrutements sur un marché de l'emploi tendu (plus d'offres que de candidats), ont appris à mieux utiliser leurs ressources internes. D'une part, elles n'ont jamais autant encouragé la mobilité de leurs salariés et, d'autre part, elles se montrent désormais plus attentives aux projets d'évolution développés par ces derniers.

LES EMPLOYEURS PUISENT DANS LEURS PROPRES RANGS

Ce n'est pas un hasard : la vague montante de la promotion interne amorcée ces dernières années (28 % des postes pourvus en 2001, selon l'enquête panel Apec 2001) devrait continuer de gonfler les effectifs cadres. Bénéficieront, en priorité

MA VIE DANS L'ENTREPRISE

de cette promotion au statut cadre, les salariés qui outre le fait de se montrer immédiatement opérationnels, auront su enrichir leurs compétences et se situer dans une logique de projet professionnel ? Ceux-là pourraient bien se voir proposer les meilleures opportunités. Ce n'est pas rien, un poste cadre sur quatre (28 % exactement) pourvu par promotion interne, c'est un « appel d'air » formidable pour les jeunes salariés qui ont décidé d'exploiter les opportunités proposées à l'intérieur de leur entreprise. Dans certains secteurs d'activité, comme la construction, le commerce, la banque, la part de cette promotion interne oscille entre 38 % et 50 %, précise l'enquête de l'Apec. Certes, la promotion interne est traditionnelle dans la banque. Mais, cette envolée d'une pratique, qui consiste à promouvoir à des postes cadres certains salariés de l'entreprise, trouve également son origine dans les difficultés de recrutement rencontrées par les entreprises (près de 40 % d'entre elles), ces dernières années. Aussi, tout naturellement, les employeurs ont-ils puisé dans leurs propres rangs et utilisé la formation pour combler les manques de connaissance et d'expérience. Une deuxième explication de cette dynamique de la promotion est la fluidité du marché de l'emploi qui incite et accroît les mouvements des salariés et donc, fait grimper le turn-over. À la pénurie de compétences vient s'ajouter une multiplicité des opportunités qui incite les employeurs à encourager la fidélité des salariés tentés de se laisser séduire par le chant des sirènes. Les prévisions émises par les entreprises pour 2002, dans le cadre de l'enquête panel de l'Apec, laissent penser que la promotion interne devrait connaître encore de beaux jours. Vous

> Un poste cadre sur quatre est pourvu par la promotion interne.

aspirez à devenir cadre, voilà qui devrait vous faciliter l'accès à ce statut toujours convoité.

Il importe pour le salarié qui souhaite pouvoir piloter sa carrière de comprendre et d'observer ces mécanismes. Ainsi, cet envol de la promotion interne peut, par exemple, inciter un salarié à différer un changement d'entreprises plus risqué. La lecture régulière de la presse (rappelons que l'hebdomadaire *Courrier Cadres*, outre les dossiers et articles consacrés aux entreprises qui recrutent, aux métiers, aux secteurs d'activité… publie chaque semaine dans un cahier d'offres des indicateurs qui vous permettent de connaître, en temps réel, le marché de votre fonction), des surfs réguliers sur les sites emploi… les moyens de se tenir informé sont relativement nombreux. Pour que cette information soit la plus opérationnelle possible, vous ne négligerez pas l'atout « réseau ». Réseaux personnels, réseaux professionnels, amis, famille, collègues, anciens de l'École… autant de sources d'informations et d'idées. *« On utilise rarement à leur juste valeur les ressources que constitue son entourage professionnel ou personnel. »*, estime Alain Boureau, consultant chez Leroy Consultants.

"JE N'AI JAMAIS CHERCHÉ DE TRAVAIL."

Cédric S. qui travaille depuis plusieurs années dans le domaine de la santé, a changé trois fois d'entreprise en douze ans. Il affirme n'avoir *« jamais cherché de travail »*, selon les méthodes classiques. *« À l'origine de chacun de mes trois changements, il y a une rencontre générée par une information donnée par des amis. En fait, je n'ai jamais vraiment consulté les offres d'emploi, ni les sites dédiés sur Internet. Cela signifie-t-il que je n'ai pas de plan de carrière et que je laisse mes évolutions professionnelles se décider au gré du hasard ? Je ne le crois pas.*

Car, en fait, ces changements se sont réalisés au moment où je commençais à sentir quelques fourmis dans les jambes. Et, puis, et c'est cela qui m'apparaît important, quand l'occasion s'est présentée, j'étais prêt à la saisir, explique-t-il tout en reconnaissant *qu'à force de «tourner» dans le métier, on finit par connaître beaucoup de gens qui, un jour ou l'autre, peuvent avoir besoin de vous. Inutile de préciser qu'on se trouve alors en position de force pour négocier, dans la foulée, une évolution de salaire.»* L'efficacité des réseaux n'est plus à démontrer. Et les consultants en carrière, lors des bilans de compétences, incitent fortement les salariés à se repositionner dans leur environnement professionnel, à «revisiter» leur carnet d'adresses. L'un des moyens les plus utilisés pour trouver un emploi, c'est les relations…

TOUTE COMPÉTENCE EST MENACÉE D'OBSOLESCENCE

« **U**ne compétence qui n'évolue pas, qui ne s'enrichit ni par l'exercice du métier, ni par la formation, est une compétence condamnée à disparaître. » On ne peut être plus clair que ce DRH. La pire des menaces qui pèsent, en effet, sur l'employabilité de chacun, c'est l'obsolescence des compétences. Aujourd'hui, les jeunes générations de salariés qui érigent en credo, des valeurs telles que l'intérêt au travail, les responsabilités, l'autonomie… intègrent plus volontiers que leurs aînés, cette nécessité d'enrichir en permanence leurs compétences et de se montrer plus ouverts sur leur environnement professionnel, social, national et mondial. Il n'y a pas si longtemps, dans un contexte de marché de l'emploi difficile, lorsque l'on évoquait la notion d'« employabilité », on se référait immédiatement à la sauvegarde de son emploi, au risque de connaître le chômage. Aujourd'hui, alors que les perspectives sont nettement plus favorables qu'elles ont pu l'être au plus noir des années 90, il s'agit moins de préserver son emploi (éviter le licenciement) que de se préparer aux évolutions professionnelles possibles. Combien de seniors se sentent aujourd'hui exclus des entreprises au seul motif de dépasser la cinquantaine, alors qu'ils n'ont en fait, et durant plusieurs décennies, jamais évoqué l'idée d'un bilan, d'une formation, jamais pris garde à ce que leurs compétences ne deviennent un jour obsolètes… ? Bien entendu, cette prise en compte du maintien à niveau de ses compétences, ne doit pas se transformer en idée fixe : « *Il ne faudrait pas, sous prétexte de se former, de s'informer, oublier de travailler.* », recommande en souriant un DRH ! « *Cela ne doit pas être une obsession, mais une habitude !* », précise de son côté, Pierre-Yves N., qui travaille dans une petite entreprise d'effets spéciaux pour le cinéma. Une activité très exposée aux changements rapides de la technologie et donc, très au fait du maintien à niveau des compétences !

ON PREND CONSCIENCE QU'ON A JOUÉ LES CIGALES

La remarque de Pierre-Yves N. vient nous rappeler que, définitivement, il ne faut pas confondre pilotage de carrière et carriérisme. Le premier participe davantage du devoir de tout salarié d'inscrire les étapes de son évolution dans un projet professionnel. Le second sous-entend souvent un comportement cynique et prédateur. Le premier est une attitude raisonnable, le deuxième finit, dans bien des cas, par devenir dangereux pour soi et pour les autres. À trop se focaliser sur sa vie professionnelle, à travailler sans répit, à vouloir toujours être le premier, on risque de mettre en péril sa santé, sa cellule familiale, son entourage professionnel… Maurice Thévenet,

Armand Braun, conseiller de l'Institut de l'Entreprise[1]

Évitez ce qui est répétitif.

«La notion de pilotage de carrière est double. Elle renvoie, d'une part, à l'entreprise qui doit sans cesse se réinventer et, d'autre part, au salarié qui vit et travaille avec l'idée qu'il se fait, au présent, de son propre avenir. Ce qui, aujourd'hui, apparaît très nettement, c'est l'importance donnée par les jeunes cadres à leur développement personnel, leur épanouissement personnel, dans la gestion de leur carrière. Cela me rappelle la formule de Gide : «*À partir d'un certain âge, on est responsable de son visage*»... phrase que l'on pourrait transposer ainsi : ce que vous serez, sera la sanction de ce que vous avez fait de votre trajectoire professionnelle. Il paraît vraiment nécessaire de prendre en compte cette double aspiration personnelle (comment je dois évoluer) et professionnelle (ma valeur marchande) dans ce que l'on appelle la gestion prévisionnelle des carrières. Longtemps, les cadres et salariés ont confié leur devenir à l'entreprise. Aujourd'hui, l'heure est à l'individualisation. Ils sont donc, et de plus en plus, amenés à décider eux-mêmes de leur évolution. Ce qui ne signifie pas qu'ils en soient les seuls acteurs. Au contraire, les jeunes cadres sont à la recherche d'un nouveau type de relation contractuelle avec leur employeur. Non plus sur le seul plan juridique, mais sur un plan plus informel et qui consiste, pour un salarié, à se dire : je mets mes compétences à la disposition de l'entreprise à condition qu'en retour, cette dernière me permette d'évoluer. Cette part, croissante, du développement personnel dans l'évolution professionnelle n'est plus seulement le fait des jeunes générations de cadres. Elle apparaît très fortement chez les autres salariés (maîtrise et ouvriers). Mais tous ceux qui décideront de prendre en mains leur destinée professionnelle, devront bâtir leur stratégie autour de quatre accélérateurs : le souci de curiosité, le souci de

.../

/...

l'imagination, le souci de l'information et, enfin, le souci de renouvelle-ment de l'expérience, afin d'éviter ce qui est répétitif.

(1) Nous avons interrogé Armand Braun, à propos d'une étude sur «Les jeunes cadres et l'entreprise», réalisée par l'Ifop, en janvier 2002, pour l'Institut de l'Entreprise. L'Institut de l'Entreprise est un centre de réflexion et d'innovation du monde patronal. Il a lancé, entre autres, deux projets très importants: d'une part, l'Institut des Hautes Études de l'En-treprise (calqué sur le modèle de l'IHEDN, Institut des Hautes Études de Défense Nationale), de l'autre, un programme d'économie à l'attention du corps enseignant.
Site de l'Institut de l'Entreprise: www.idep.asso.fr

professeur de gestion de carrière à l'Essec et au Centre Natio-nal des Arts et Métiers, souligne même : *« Le fait que des sala-riés pilotent leur carrière, ne veut pas dire qu'ils la pilotent! »* Cette – petite – provocation met au clair une évidence: c'est souvent en jetant un regard sur son parcours professionnel et avec un peu de recul, que l'on réalise que, finalement, on pilote sa carrière. En fait, se soucier de son avenir, anticiper les chan-gements dans son métier ou dans son entreprise, essayer de ne pas être pris au dépourvu… sont des préoccupations qui doi-vent partie de la vie quotidienne du cadre, du salarié. Comme l'explique même François M., consultant: *« Il arrive, à un moment ou à un autre, de sa carrière que l'on prenne conscience qu'on a joué les cigales. Mais on ne se réveille pas non plus, un matin, en se promettant de «piloter sa carrière». En fait, on agit comme dans la vie quotidienne. On acquiert, parfois plus ou moins consciemment, des réflexes qui ne sont que des réflexes de vie auxquels on finit d'ailleurs par ne plus penser. Chaque jour, par exemple, on veille à ne pas trop manger, à dormir suffisamment, à marcher pour faire un peu de sport, à acheter un nouveau costume parce que le sien est un peu démodé... Il n'y a pas vraiment de différence entre ces réflexes et ceux que l'on doit développer dans le domaine professionnel: on lit la presse spécialisée, on écoute les infos, on suit les évolutions technologiques, on participe à des salons professionnels, on choisit de se former parce que l'on sent que l'on va être démodé, out... ou, plus probablement, parce qu'on veut être dans le coup!»* Surtout, ajoute François M.: «*On ne devrait jamais oublier que l'épanouissement personnel est, très souvent, la clé d'une vie professionnelle sereine.*»... Entre les multiples activités d'une vie d'entreprise, les petits et les grands changements, les évolutions progressives... et une certaine prédisposition à la sérénité, au calme, à la clairvoyance, à vouloir être heureux... De quoi se compose la parfaite panoplie du pilote de sa carrière ? *«Savoir piloter sa carrière c'est savoir éviter les échecs»* pensent certains. Pour d'autres, ce sera *«avoir réussi à faire ce que l'on a toujours voulu faire».* D'autres encore estimeront que *«piloter sa carrière, c'est tout simplement être heureux de faire son métier, de travailler»...* Témoignages qui tous, à leur manière, apportent un éclairage sur ce que peut être le pilotage de carrière.

© APEC - Éditions d'Organisation (Groupe Eyrolles)

LAISSER
SA PLACE AU RÊVE

I l n'existe, hélas, aucun plan de vol ni outils communs à tous les «pilotes de carrière» en dehors des démarches de bilan et de projet et de la confrontation de ce dernier aux réalités du marché de l'emploi. Chaque trajectoire est différente, chaque expérience, chaque salarié. Si, comme pense Maurice Thévenet: *« Être persuadé, à 25 ans, que l'on n'est pas capable de piloter sa carrière, est presque inquiétant. »*, il est vrai aussi que la détermination et l'enthousiasme des plus confiants sont souvent mis à rude épreuve au cours des premières années de vie en entreprise. L'expérience vous contraint parfois à nourrir des ambitions plus modestes. Difficile, en effet, de prévoir et de suivre à la lettre un plan pré-établi. Les aléas de conjoncture qui interdisent les prévisions sur le long terme, les changements de stratégie de l'entreprise, les événements de la vie personnelle obligent souvent à réviser son «plan de vol». Cela signifie-t-il, paradoxalement, que le «pilotage à vue», reste la méthode la plus réaliste? Peut-être. À condition, toutefois, de regarder aussi loin que possible et avec le plus grand angle. En sachant construire un projet sur la base de vos compétences, de vos expériences, de vos succès et de vos échecs; en approfondissant vos connaissances, en développant vos compétences passerelles par la formation, la veille professionnelle; en tenant compte aussi de votre personnalité... Il y a de fortes chances que vous réunissiez les meilleurs atouts pour jouer et réussir «le coup d'après».

En matière de changement professionnel, la prudence reste de mise. Mais, elle ne doit pas vous mener à la paralysie. Un retournement de conjoncture, aussi violent soit-il, ne signifie pas que des tendances lourdes soient systématiquement remises en cause. *« Il faut faire attention à la vision que l'on a des événements. Les grands processus de gestion évoluent moins vite que les phénomènes extraordinaires que sont les crises. »*, souligne Maurice Thévenet. S'il est vrai que la mobilité a tendance à diminuer lorsque l'activité ralentit, il ne s'agit que d'évolutions temporaires. Les entreprises qui avaient figé leurs recrutements à l'automne 2001, ont, par la suite, poursuivi leur développement. *« Les pratiques de management ne changent pas au gré de la conjoncture, il faut se méfier de l'effet d'optique qui nous fait observer le sommet de la vague plutôt que l'océan. »*, prévient Maurice Thévenet. Les fervents défenseurs du «Moi, d'abord!» sont donc loin de devoir réviser leur feuille de route. C'est un fait: la mobilité professionnelle est aujourd'hui perçue comme une démarche active. Les besoins en salariés et cadres ne devraient, nous l'avons vu, que se confirmer d'année en année. Et les jeunes générations de diplômés qui «déboulent» sur le marché de l'emploi seront encore mieux formées et informées que les précédentes, appréhendant ainsi plus facilement le monde du travail, de l'entreprise et même les «dents de scie» du marché. Sera-t-il, pour autant, plus facile de se construire un avenir? Pas si sûr. On peut penser, à juste titre,

Est-il plus facile aujourd'hui de construire son avenir ?

MA VIE DANS L'ENTREPRISE

Étienne Gousson, directeur mobilité internationale HR Valley[1]

Oui, la mobilité internationale reste un levier de carrière. Mais, elle concerne d'abord de hauts potentiels.

La mobilité géographique doit être intégrée à une gestion de carrière. Concernant la mobilité internationale, précisons tout de suite qu'elle concerne d'abord, mais de plus en plus souvent, les cadres à haut potentiel et/ou les experts. Il s'agit d'une mobilité difficile à réaliser, compte tenu d'un certain nombre de paramètres (contexte économique, politique et, bien entendu, culturel local). Il est nécessaire de l'anticiper : définition en amont des objectifs et des conditions de la mobilité, bonne connaissance des compétences disponibles en interne pour permettre leur identification dans chaque société du groupe et sélectionner les candidats quelle que soit leur nationalité... Pour le salarié, la mobilité géographique est souvent l'occasion d'accéder à des responsabilités plus importantes dans des structures très opérationnelles, mais aussi de favoriser son développement personnel. Une mobilité géographique réussie implique : adaptation, écoute, autonomie, réactivité, prise de risques, gestion d'équipes multiculturelles... Des qualités qui sont celles d'un entrepreneur. Une formation interculturelle peut être, tout à fait, adaptée pour aider le salarié à bien se préparer.

Dans le cadre d'une mobilité internationale, l'entreprise doit non seulement préparer l'évolution du collaborateur, mais également anticiper son affectation suivante. Cela lui sera plus facile, si l'objectif de la mobilité a été clairement défini dès le départ. Mais, pour que ce «retour» soit réussi, il est indispensable que les résultats du collaborateur aient été régulièrement évalués (suivi individualisé de la part du gestionnaire de

.../

/...

carrière de groupe). Pour qu'elle soit réellement pertinente, cette évaluation intégrera le contexte international dans lequel travaille le salarié. En
conclusion, je dirais que la mobilité internationale n'est pas seulement un
levier pour favoriser l'évolution de carrière, mais qu'elle a également
pour finalité, de favoriser le développement de la culture internationale
du groupe.

La mobilité internationale est-elle plutôt bien acceptée par les cadres ?
Aujourd'hui, pour les cadres, la mobilité géographique est entrée dans les
mœurs et dans les contrats de travail. En effet, la clause de mobilité
internationale (soumises à des dispositions juridiques strictes) fait, de
plus en plus souvent, partie du contrat.
La vraie question est de savoir dans quelles conditions elle se réalise.
L'entreprise doit accepter que la mobilité du salarié ne soit pas totale tout
au long de sa carrière. La situation scolaire des enfants, la situation professionnelle du conjoint peuvent conduire le salarié à refuser temporairement un projet de mobilité. L'entreprise doit donc se donner les moyens
de trouver des réponses à ce type de difficulté. En proposant, par exemple
et lorsque cela est possible, une aide au conjoint pour retrouver une activité. Face à certaines situations personnelles compliquées, l'entreprise
doit également pouvoir continuer à gérer la carrière d'un salarié qui ne
serait plus mobile temporairement. En revanche, il est certain qu'aujour-
d'hui, dans beaucoup d'entreprises, plusieurs refus successifs de mobilité sont incompatibles avec le développement de carrière du salarié.
L'entretien annuel d'évaluation est notamment l'occasion pour la hiérarchie et le salarié d'échanger sur la question de la mobilité.
Un des facteurs dynamisant de la mobilité est l'aide apportée par l'entreprise pour faciliter l'intégration et l'installation du salarié, et de sa famille.
Faute de temps disponible du salarié, c'est généralement son conjoint qui

.../

MA VIE DANS L'ENTREPRISE

© APEC - Éditions d'Organisation (Groupe Eyrolles)

/...

prend en charge l'installation de la famille. Dans ces conditions, l'installation du célibataire n'est donc pas forcément plus simple. L'entreprise a donc tout intérêt à proposer l'aide de société de relocation pour faciliter, entre autres, la recherche du logement, les inscriptions scolaires, l'intervention d'une société de déménagement international, l'assistance d'un cabinet spécialisé pour l'obtention du permis de travail... L'objectif est aussi de rassurer avec des informations pratiques et de bons conseils.

(1) HR Valley, créé à l'initiative du groupe Danone s'est associé à Deloitte & Touche, TMP Worldwide, CCMX et E.M. Lyon pour proposer une gamme complète de produits et de services RH et management.
Site de HR Valley : www.hrvalley.com

que plus le marché de l'emploi est porteur, moins les risques de changements sont grands et moins les échecs ont un caractère définitif. On peut également penser que les conséquences d'une démission sur un coup de tête seront moins graves. On peut encore se persuader que *« Bof... je retrouverai toujours un job ! »...* Des réflexes, qui sont contraires à la logique de pilotage de carrière parce qu'ils laissent *« l'air du temps décider à votre place »*, comme le fait remarquer le consultant François M., qui ajoute : *« Ce même air du temps deviendrait-il mauvais que tout le monde recommencerait à s'accrocher à son poste. Ce qui serait ridicule ! »*

Les plus jeunes bénéficient toujours de l'expérience des aînés. Au plus sombre de la décennie 1990, par exemple, ils ont vu ces derniers venir grossir les rangs des demandeurs d'emploi et se sont jurés, au grand jamais, qu'une telle « cassure » ne leur serait jamais infligée. Aujourd'hui, ils regardent ces mêmes aînés cou-

Les sites Internet

- **www.apec.fr :**
(service «offres de Formation») : explique l'accès à la formation continue (conseils, droits, démarches, financement) aux cadres salariés, en convention de conversion et en recherche d'emploi.

- **www.cnam.fr :**
propose un test en ligne pour mesurer ses capacités organisationnelles et techniques avant de débuter une formation.

- **www.uvpl.org :**
université virtuelle des Pays de la Loire.

- **www.afpa.fr :**
Afpa (Association pour la Formation Professionnelle des Adultes). Site institutionnel de l'AFPA présente des offres de formation sous forme de stages, des services en gestion de carrières et ressources humaines, etc. Sont, également, liées les services aux partenaires de l'Afpa (ministères, DDTE, ANPE, Assedic...).

- **www.forma-job.com :**
se présente comme le premier site d'emploi en ligne dédiée à la formation et aux acteurs de la formation.

- **www.formaguide.com :**
espace recrutement pour les professionnels, présentant des offres de formations

(plus de 250 organismes et de 475 formateurs indépendants, ainsi que des services).

- **www.thot.cursus.edu :**
site de formation à distance, constituant avec ses forums une des sources d'information les plus riches sur le sujet, mariant expertise, ouverture d'esprit... et gratuité. Également à l'origine d'un répertoire international sur la formation à distance.

- **www.job-attitude.com/ :**
site dédié au développement personnel pour les salariés et les indépendants s'efforçant de concilier aspirations personnelles et exigences des entreprises. Il présente un magazine consacré à l'équilibre des engagements personnels, professionnels et collectifs, ainsi qu'une bourse de contacts mettant en relation les différents acteurs (candidats, entreprises, prestataires en formation et en développement, réseaux socio-professionnels ou associatifs...).

- **www.futurestep.com :**
un site pour mieux connaître sa «nature» professionnelle.

rir la dernière ligne droite de leur aventure professionnelle. Avec peine, épuisement, voire au «placard» pour quelques-uns… Ils ne seront pas non plus de ces seniors qui vivent amèrement leur situation, faute de n'avoir pu atteindre les sommets de la hiérarchie. Certes, bon nombre de ces seniors n'ont peut-être pas su, le moment voulu, se remettre en question. Mais il est vrai aussi, qu'en France, au contraire de ce qui se passe Outre-Atlantique, les fonctions de dirigeants sont et seront toujours réservées à des diplômés des grandes écoles.

«Nous ne nous laisserons pas avoir.», semblent dire ces jeunes cols blancs. Oubliant, pêché de jeunesse sans doute, que les rapports entre une entreprise et ses salariés n'ont jamais été de cette nature. L'affirmation témoigne, en tous les cas, d'une acceptation, voire d'une volonté de leur part, de se remettre en cause professionnellement aussi souvent que cela leur paraîtra nécessaire. Mais ce qui distingue peut-être davantage les jeunes générations de leurs aînés, c'est qu'elles paraissent déterminées à redécouvrir l'un des moteurs essentiels de toute réussite : le plaisir au travail, dernier rêve professionnel. À moins que ce ne soit le tout premier, celui qui guide, à tout moment, les choix de la vie. Car, souhaiter rester maître de ses évolutions professionnelles, n'est-ce pas vouloir aussi ériger au rang de valeur personnelle le principe de plaisir au travail ? Mais là… c'est une autre paire de manches !

STRATÉGIE

> S'INFORMER POUR PILOTER SA CARRIÈRE

- **Pourquoi ?**

1. Pour favoriser des « déclics »

Regardez autour de vous ; observez l'environnement, les tendances, les évolutions, et aussi les manques et les besoins ; les métiers qui se perdent ou se créent.

Maintenez-vous en état de veille : soyez sensible au contexte, à l'environnement (au sens le plus large) : politique, économique, social, afin d'y puiser des occasions de multiplier les opportunités.

Rebondissez ! Trouvez de nouvelles idées, des propositions à faire, des cibles à toucher. Ex. : *« J'observe dans les petites annonces que telle entreprise recrute à tel poste. J'en déduis que si telle entreprise de ce secteur recrute un tel poste, les entreprises concurrentes ont peut-être les mêmes besoins ? Je vérifie et, en cas de confirmation, je fais des candidatures spontanées. »*

Ou : *« Je lis dans la presse que les PME ont des difficultés de tous ordres avec leur informatique : y a-t-il pour moi l'occasion de leur faire une proposition ? »*

2. Pour se renseigner sur ce que l'on connaît peu ou mal

Un secteur que vous avez envie d'aborder, mais qu'au fond vous connaissez mal.

Une fonction qui vous attire, mais dont vous ne connaissez pas les activités précises, etc.

Une entreprise que vous avez envie d'approcher.

3. Pour vérifier des hypothèses

Approfondir ce que vous savez, confirmer, infirmer ou infléchir vos appréciations.

4. Pour faire des choix en meilleure connaissance de cause

5. Pour vous donner des arguments, afin d'être vous-même plus convaincu, donc plus convaincant

Comprendre votre interlocuteur parce que vous connaissez ce dont il parle.

Connaître sa clientèle (ses entreprises-cibles), afin d'augmenter ses chances de déclencher le désir d'achat (de recrutement).

• Quand ?
En permanence, tout au long de votre recherche d'emploi
Pendant l'étude de marché

L'étude de marché se fait à différentes étapes :

– en amont de votre recherche : vous devez préciser votre produit (votre offre de service aux entreprises), son coût (votre salaire), votre clientèle (les entreprises susceptibles d'être intéressées par votre offre de service).

– étudier votre concurrence : quels sont les cadres qui proposent les mêmes services que vous ? Combien sont-ils ?

– pendant votre recherche : observez les réactions de la clientèle : qui est demandeur ? Qui ne l'est pas et pourquoi ? Écoutez ce qui est dit par la clientèle en aval de votre recherche : vérifier, rebondir, éventuellement réajuster son produit. Élargir, développer, trouver d'autres cibles.

• Au moment du positionnement du produit

Savoir à quoi réagit, à quoi est sensible la clientèle ; connaître votre concurrence pour «positionner» le service que vous vous apprêtez à proposer aux entreprises.

• Comment ?
Par tous les moyens

S'informer passe par l'identification de ce que vous cherchez à savoir et des motifs pour lesquels vous recherchez l'information.

Vous voulez vous informer sur un domaine que vous ne connaissez pas du tout ou vérifier une information ?

Vous cherchez un retour sur une piste que vous explorez, des données chiffrées ou des analyses ?

Les motifs de recherche d'information sont divers. Pour **obtenir l'information adéquate à votre besoin, posez le plus clairement possible votre question ; Pour trouver le bon canal d'information,**

MA VIE DANS L'ENTREPRISE

© APEC - Éditions d'Organisation (Groupe Eyrolles)

les lieux, les moyens et les sources les plus pertinents, faites le diagnostic de ce que vous recherchez :

Ex. : vous vous intéressez à une fonction : est-ce pour compléter votre information ou pour valider l'information que vous avez déjà ?

Vous cherchez de l'information sur un secteur : pour faire des candidatures spontanées, pour élargir votre recherche ou voir quelles sont les passerelles entre ce secteur et le vôtre ?

Suivi de l'information

Surtout, vérifiez l'information recueillie auprès de plusieurs sources.

Auprès de qui vous informer ?

– Les « professionnels titulaires » d'une fonction, membres d'un organisme professionnel.

– Les anciens élèves : ils ont fait la même école que la vôtre. Ils sont aujourd'hui en poste, peut-être à une fonction, dans un secteur, ou dans une entreprise qui vous intéresse. Ne les oubliez pas : la solidarité entre anciens jouera, ils répondront à vos questions.

– Votre réseau relationnel : parents et amis : outre le fait qu'ils peuvent vous donner un retour, sans sanction, sur vos pistes, ils vous seront utiles comme relais.

– Vos relations professionnelles : n'en négligez aucune, car elles peuvent toutes déboucher sur des réseaux différents. Ex. : en tant que commercial, je m'ouvre des réseaux différents, selon que

© APEC - Éditions d'Organisation (Groupe Eyrolles)

je m'intéresse à mes clients, à mes fournisseurs, à mes concurrents.

– Les recruteurs : ils connaissent bien le marché et les besoins
de leurs clients. Ils sont spécialistes soit d'une fonction, soit d'un
secteur.

Ou trouver les informateurs ?

Dans les salons professionnels, dans les annuaires spécialisés,
auprès des relais patronaux, des associations de professionnels,
par relation, les différents sites Internet et, en particulier, les
forums de discussion.

Source : Déclic

© APEC – Éditions d'Organisation (Groupe Eyrolles)

NOTES PERSONNELLES

NOTES PERSONNELLES

NOTES PERSONNELLES

NOTES PERSONNELLES

www.ingramcontent.com/pod-product-compliance
Lightning Source LLC
Chambersburg PA
CBHW060333200326
41519CB00011BA/1925